知らないと恥をかく世界の大問題12

世界のリーダー、決断の行方

JN030899

池上　彰

角川新書

目次

編集協力／八村晃代
カバー・図版デザイン／國分　陽
イラスト／斉藤重之
カバー写真／村越将浩

プロローグ

私たちは100年に1度の大変革期を生きている

「感染症」と「分断」の時代に 世界はどう動くのか？

新型コロナウイルスがいまだに猛威をふるい、分断が進む世界。
コロナ禍の裏ではアメリカと中国の対立は激化している。
世界が抱える大問題が深刻化する中、日本の進むべき道は？

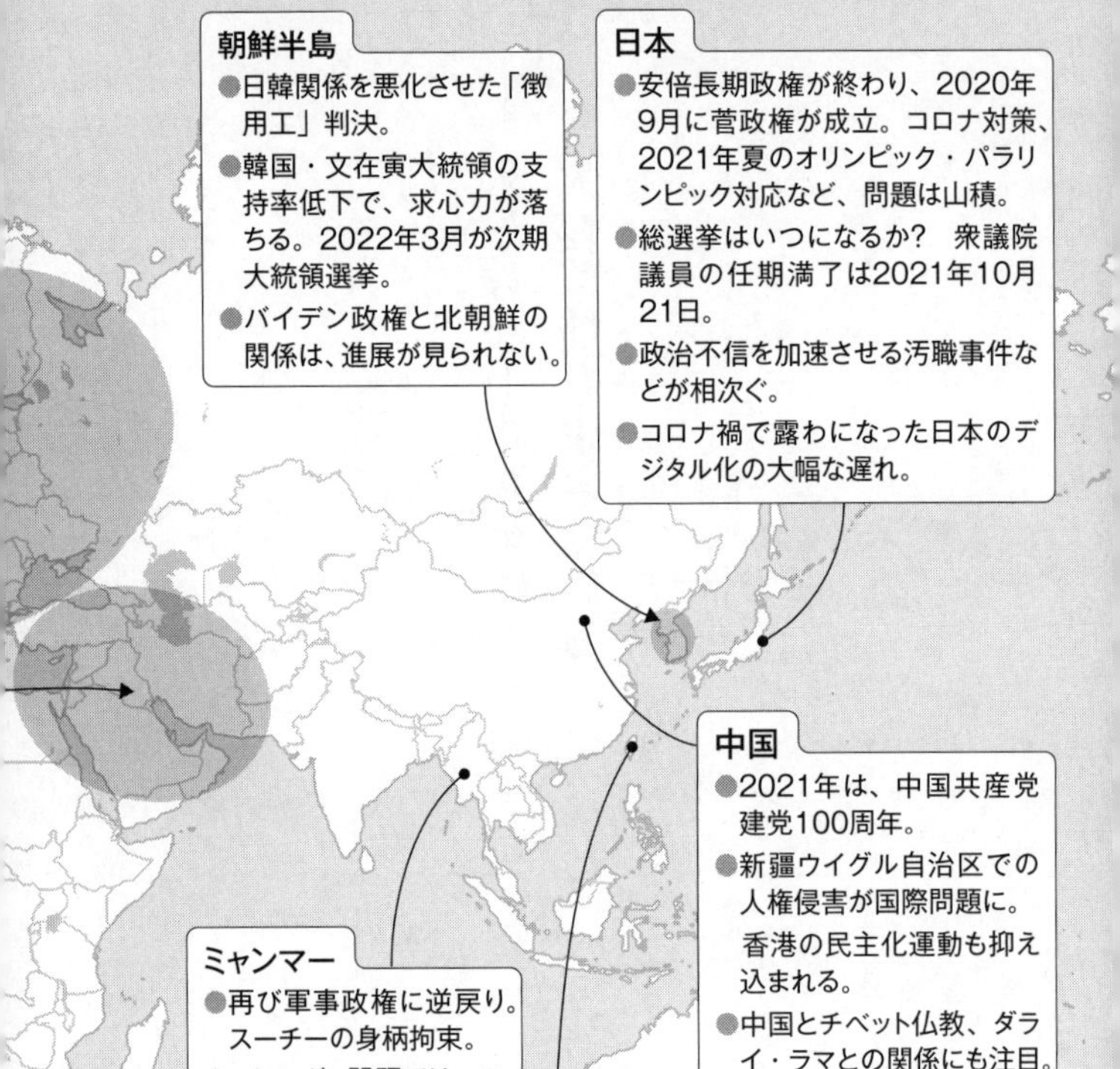
朝鮮半島
●日韓関係を悪化させた「徴用工」判決。
●韓国・文在寅大統領の支持率低下で、求心力が落ちる。2022年3月が次期大統領選挙。
●バイデン政権と北朝鮮の関係は、進展が見られない。
日本
●安倍長期政権が終わり、2020年9月に菅政権が成立。コロナ対策、2021年夏のオリンピック・パラリンピック対応など、問題は山積。
●総選挙はいつになるか？　衆議院議員の任期満了は2021年10月21日。
●政治不信を加速させる汚職事件などが相次ぐ。
●コロナ禍で露わになった日本のデジタル化の大幅な遅れ。
中国
●2021年は、中国共産党建党100周年。
●新疆ウイグル自治区での人権侵害が国際問題に。
香港の民主化運動も抑え込まれる。
●中国とチベット仏教、ダライ・ラマとの関係にも注目。
ミャンマー
●再び軍事政権に逆戻り。スーチーの身柄拘束。
●ロヒンギャ問題では、スーチーバッシングも。
台湾
●米中対立激化のもとで揺れる。中国の強硬な政策に危機感も。

アメリカ
●バイデン大統領の誕生。しかし、議事堂乱入事件など国内の分断が進む。
●バイデン政権は女性を積極登用。国際協調に舵を切る。対中強硬政策はトランプ政権の方針を引き継ぐ。中東問題もイスラエル寄りは変わらず。
●共和党はトランプ党のまま？　2024年大統領選挙に向けてトランプが再始動？
ヨーロッパ諸国
●イギリスのEU離脱が完了。連合王国分裂の危機を引き起こす可能性も!?
●ロシア国内で、プーチン支持派と反対派の分断が露わに。
●フランスでは再びイスラム教と表現の自由をめぐる問題で揺れる。
●ベラルーシ、“ヨーロッパ最後の独裁者”ルカシェンコ大統領への反発や、旧ソ連崩壊前夜に発生した軍事衝突が再燃。
中東
●アラブの春から10年。唯一の成功例はチュニジア。難民問題で欧州政治は右傾化も。
●中東問題が激化。イラン包囲網で利害が一致したことで変化も。
●イラン核合意、再びの実現に向かうバイデン政権。しかし前途は多難。
人類共通の問題
●2020年、2021年の世界を象徴するキーワードは「感染症」と「分断」。
●感染症と分断の中、フェイクニュースが大きな問題に。
●気候変動と感染症の関係に新たな危機が。

※世界基準ではイギリスが世界地図の中心で語られることが多い。
この地図をもとに考えると、アメリカは西、ロシアは東。日本は極東となる。

世界の分断で枠組みに変化が!?

先進国だけでは世界の問題は解決しない。
そこで、つくられた21世紀の世界の大きな枠組みだったが、
自国ファーストの流れでその枠組みにも影響が……。

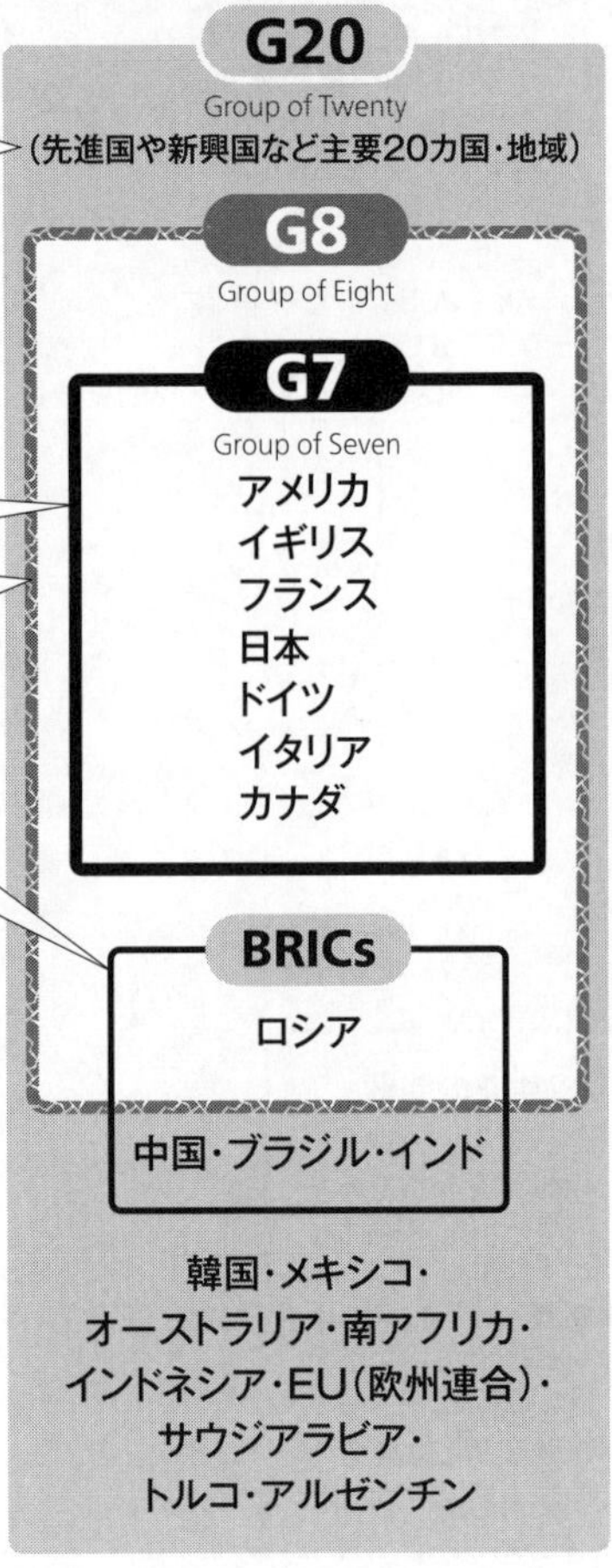
G20
Group of Twenty
(先進国や新興国など主要20カ国・地域)
G8
Group of Eight
G7
Group of Seven
アメリカ
イギリス
フランス
日本
ドイツ
イタリア
カナダ
BRICs
ロシア
中国・ブラジル・インド
韓国・メキシコ・
オーストラリア・南アフリカ・
インドネシア・EU(欧州連合)・
サウジアラビア・
トルコ・アルゼンチン

G8だけでは世界の問題を解決することができないと考えた結果、世界の意思をまとめる新しい集まりができた。2021年は10月にイタリアで開催予定。

かつてのサミット(主要国首脳会議)はこの7カ国で開かれていた。1990年代に入り、ロシアが加わり、G8となったが、ウクライナ・クリミア問題で、2014年のサミットではG8からロシアを除外。2020年は中止。2021年は6月にイギリスで開催。

勢いのある新興国の国名の頭文字を取って、BRICsと呼ばれていた。南アフリカを加えて、BRICSとも。

MEF

Major Economies Forum

主要経済国フォーラム

エネルギーや気候変動について、世界の主要国で話し合う。「地球温暖化問題」については、1992年の地球サミットで採択された「気候変動枠組条約」の締約国が集まって、COP(Conference of the Parties、締約国会議)を毎年開催。COP21では、パリ協定が採択された。

国際社会の調整役・国際連合の役割

グローバル化が進むにつれて、
国同士の問題、世界全体に関わる問題などが増えてきている。
その調整を行うのが国際連合＝国連なのだが……。

国際連合

以下の６つの主要機関と、関連機関、専門機関からなる国際組織。

経済社会理事会

経済・社会・文化・教育・保健の分野での活動を担当。

信託統治理事会

独立していない信託統治地域の自治・独立に向けた手助けを担当（1994年のパラオの独立後、その作業を停止している）。

国際司法裁判所

国際的な争い事の調停を担当。

※世界貿易機関（WTO）、国際原子力機関（IAEA）などの関連機関や、国際労働機関（ILO）、国際連合教育科学文化機関（UNESCO）、世界保健機関（WHO）、国際復興開発銀行（世界銀行）、国際通貨基金（IMF）などの専門機関がある。

総会

2020年３月時点、加盟国は193カ国。この加盟国すべてが参加する会議。各国が１票の表決権を持つ。年に1度、9月に総会が開かれる。

事務局

事務局長が、国連事務総長。現在はポルトガル出身のアントニオ・グテーレス。

安全保障理事会（安保理）

国際平和と安全に主要な責任を持つ。15カ国で構成される。

常任理事国

アメリカ

ロシア

（1991年12月からロシア。それまではソビエト連邦）

イギリス

フランス

中国

（1971年10月から中華人民共和国。それまでの代表権は中華民国）

非常任理事国

10カ国。総会で2年の任期で選ばれる。

日本は2016年1月から非常任理事国に（2017年12月31日で任期終了）。国連加盟国最多の11回目の選出。2022年安保理非常任理事国選挙へ立候補している。

アジア太平洋地域を中心とした貿易の主導権争い

太平洋を取り囲む（環太平洋の）国々が、国境を超えて、
モノ、お金、人が自由に行き来できる自由貿易の枠組みを推進している。
その代表が、TPP、RCEP。TPPから離脱したアメリカ、
RCEP交渉から離脱したインド、TPP参加を申請したイギリスなど、
各国の動きから目が離せない。

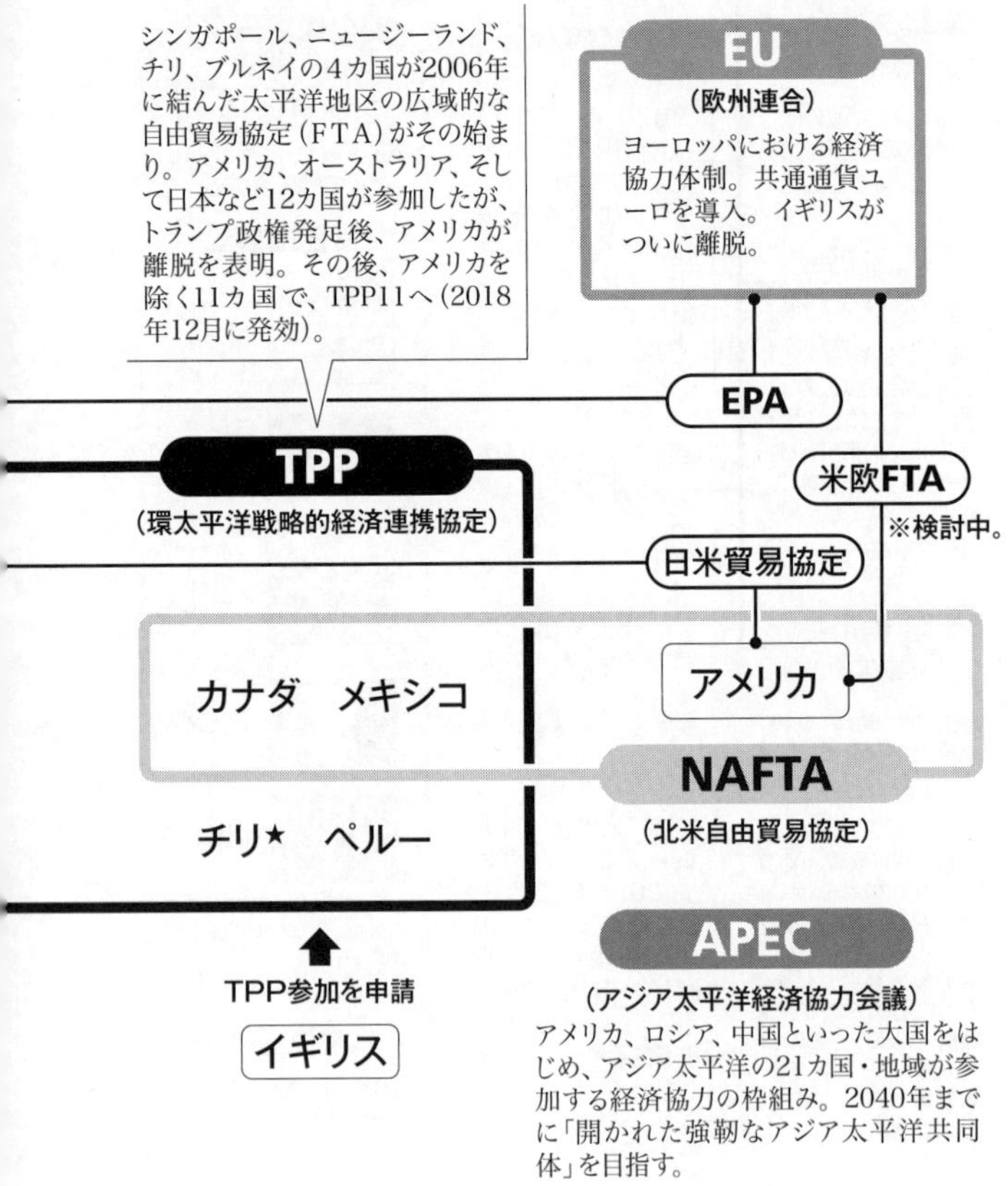
シンガポール、ニュージーランド、チリ、ブルネイの4カ国が2006年に結んだ太平洋地区の広域的な自由貿易協定（FTA）がその始まり。アメリカ、オーストラリア、そして日本など12カ国が参加したが、トランプ政権発足後、アメリカが離脱を表明。その後、アメリカを除く11カ国で、TPP11へ（2018年12月に発効）。
EU
（欧州連合）
ヨーロッパにおける経済協力体制。共通通貨ユーロを導入。イギリスがついに離脱。
EPA
TPP
（環太平洋戦略的経済連携協定）
米欧FTA
※検討中。
日米貿易協定
カナダ　メキシコ
アメリカ
NAFTA
（北米自由貿易協定）
チリ★　ペルー
APEC
（アジア太平洋経済協力会議）
TPP参加を申請
イギリス
アメリカ、ロシア、中国といった大国をはじめ、アジア太平洋の21カ国・地域が参加する経済協力の枠組み。2040年までに「開かれた強靭なアジア太平洋共同体」を目指す。

EPA
FTAをベースに、労働者の移動の自由化などを盛り込んだ決め事。

FTA
2つの国または地域間で、関税などの貿易上の障壁を取り除く決め事。

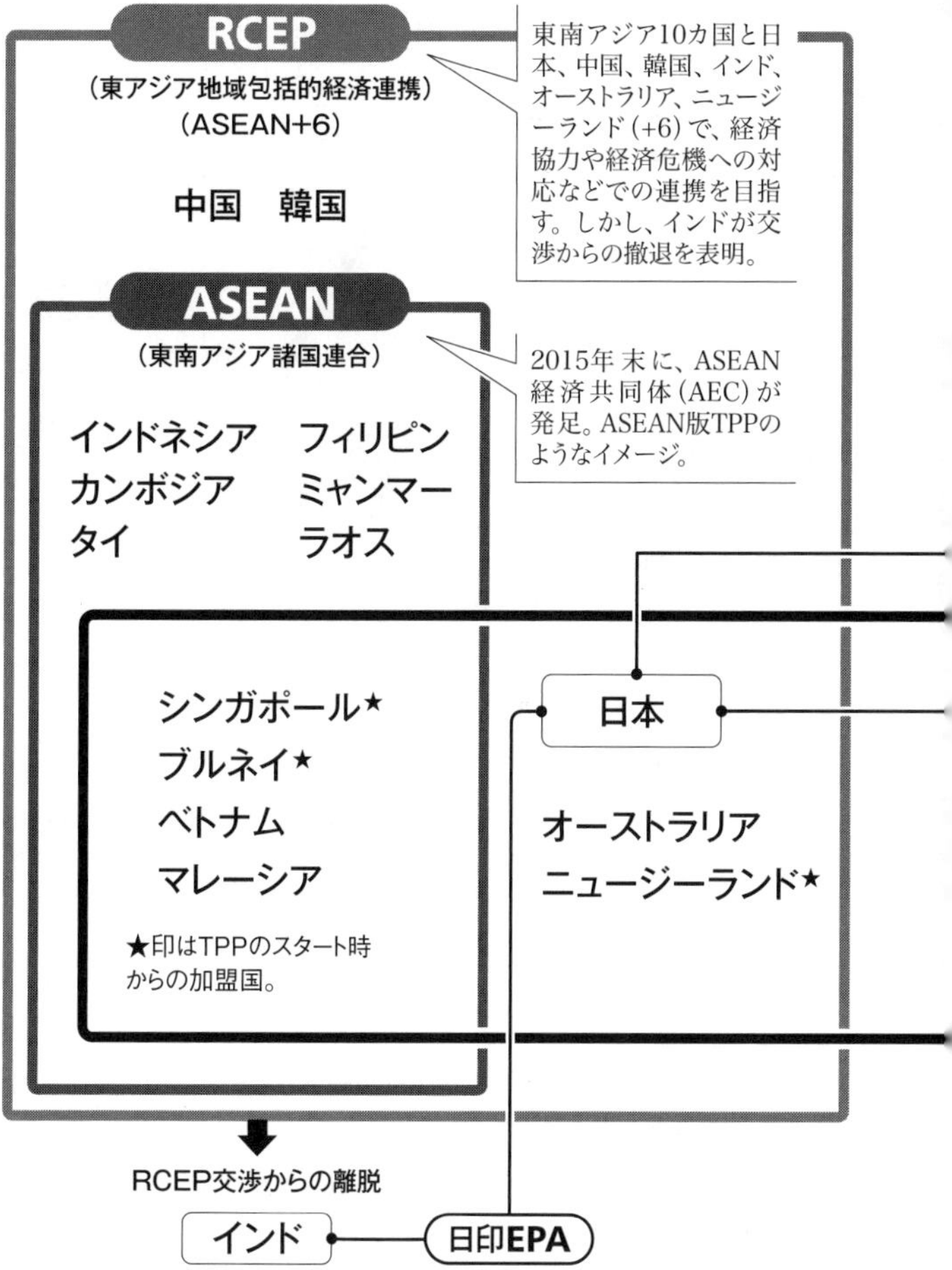
RCEP
（東アジア地域包括的経済連携）
（ASEAN+6）
中国　韓国
東南アジア10カ国と日本、中国、韓国、インド、オーストラリア、ニュージーランド（+6）で、経済協力や経済危機への対応などでの連携を目指す。しかし、インドが交渉からの撤退を表明。
ASEAN
（東南アジア諸国連合）
2015年末に、ASEAN経済共同体（AEC）が発足。ASEAN版TPPのようなイメージ。
インドネシア
フィリピン
カンボジア
ミャンマー
タイ
ラオス
シンガポール★
ブルネイ★
ベトナム
マレーシア
★印はTPPのスタート時からの加盟国。
日本
オーストラリア
ニュージーランド★
RCEP交渉からの離脱
インド
日印EPA

第1次世界大戦前の対立の構図

初めての世界規模の戦争で、現在の中東問題などの
種を蒔いたという負の遺産を残した第1次世界大戦。
バルカン半島をめぐる問題がくすぶるなか、
サラエボでのオーストリア帝位継承者の暗殺が開戦のきっかけとなった。
新興勢力であったドイツとそれまでの列強国の対立ともいえる。

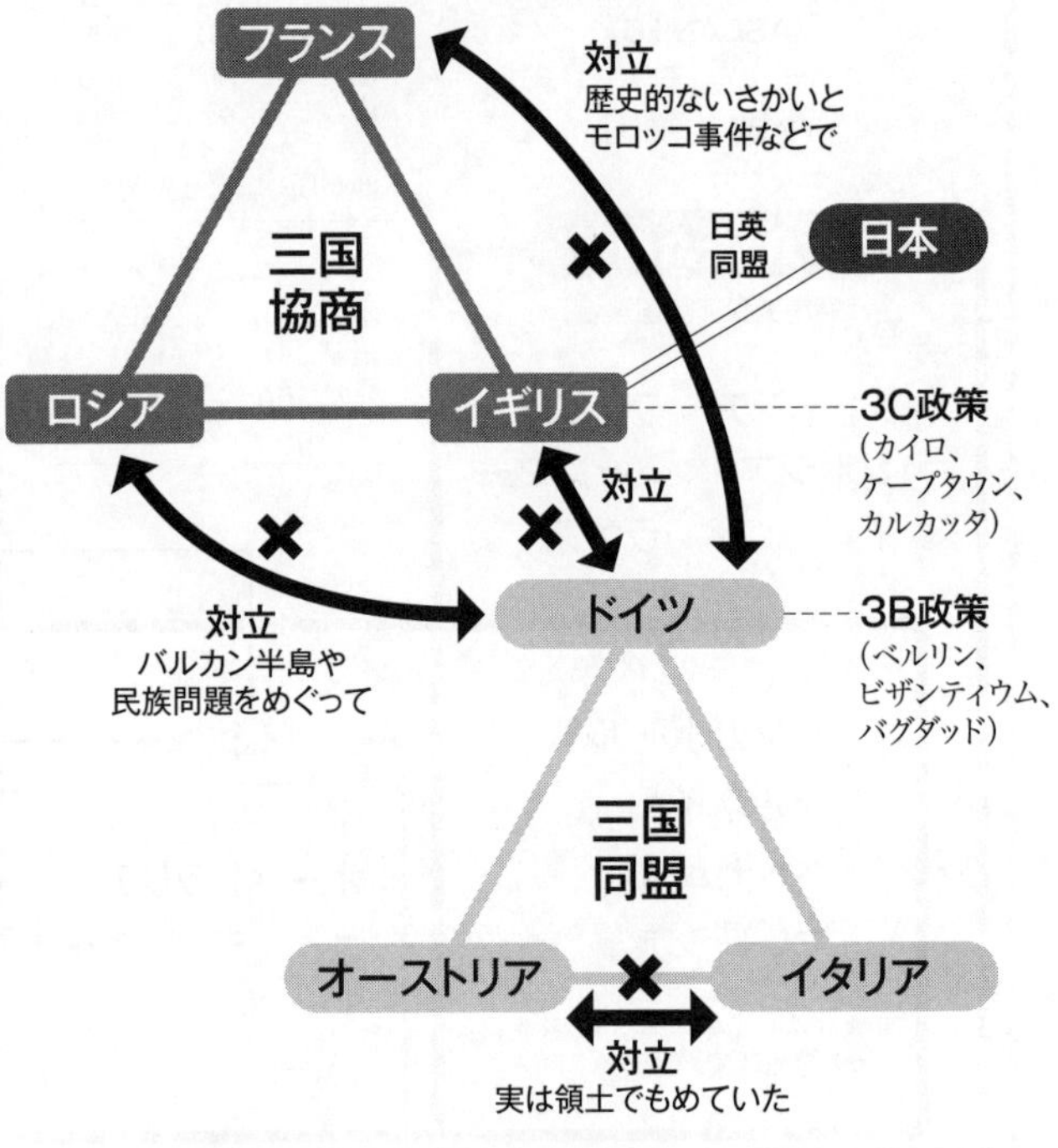

1914年 サラエボ事件 ▶ 第1次世界大戦へ

1918年 第1次世界大戦終結

1919年 パリ講和会議 ▶ ヴェルサイユ条約締結(戦後体制の確立)

1920年 国際連盟の成立

第2次世界大戦前の対立の構図

世界恐慌とファシズム(全体主義)が台頭するなか、
ナチス・ヒトラーのドイツ、ムッソリーニのイタリア、そして日本の
三国軍事同盟を中心とする枢軸国側と、アメリカ、イギリス、フランス、オランダ、
中国、ソ連などの連合国側の間で起こった2度目の世界規模の戦争。
人類史上最多といえる民間人の犠牲を出した。

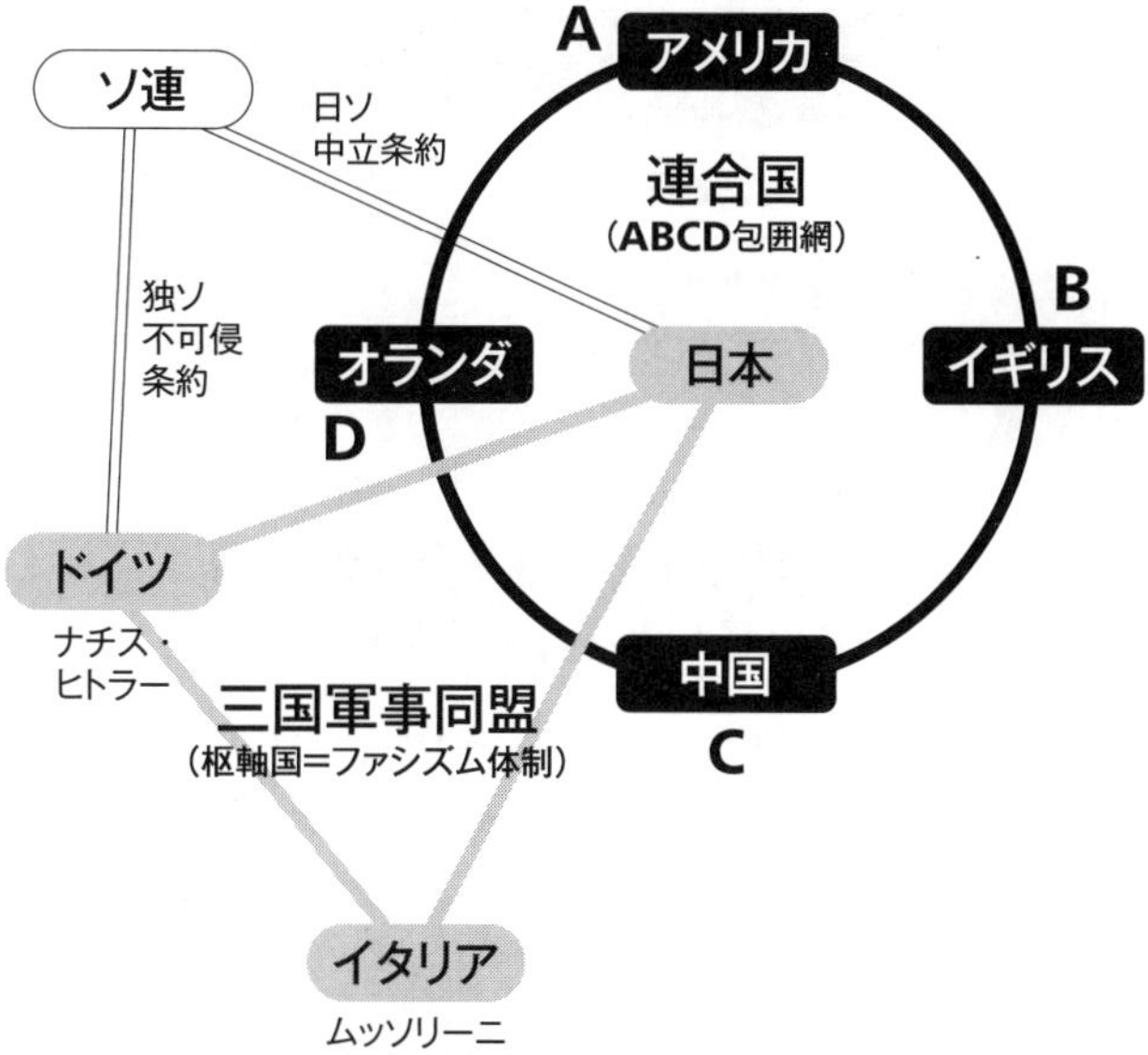

1939年	ドイツのポーランド侵攻	▶第2次世界大戦へ
1941年	日本の真珠湾攻撃	▶日米の戦争へ
1945年	アメリカ、イギリス、ソ連によるヤルタ会談(戦後体制を話し合う)	
	原爆、日本(広島、長崎)へ投下	
	日本、ポツダム宣言受諾	▶第2次世界大戦終結
	国際連合の成立	
1951年	サンフランシスコ講和条約締結(戦後体制の確立)	

世界の3大宗教とは?

世界には多くの宗教があり、人々の暮らしに密接に結びついている。
宗教が人間としての生き方や精神活動、
さらには経済活動などにも大きな影響を及ぼしている。
世界レベルで広がった宗教のうち、
とくに、キリスト教、イスラム教、仏教を世界3大宗教と呼ぶ。

キリスト教

開祖:イエス・キリスト
成立:紀元後1世紀ごろ

3大教派

- プロテスタント
- 正教会(東方正教とも。ギリシャ正教、ロシア正教などがある)
- カトリック(最大教派)

簡単に言うと「イエスの教えを信じる宗教」。ユダヤ教の改革運動を行っていたイエスのことを、救世主=キリストと考え信じる宗教。

イスラム教

創唱者:ムハンマド
成立:紀元後7世紀の初めごろ

スンニ派(約85%)
イスラム教の教えを守っていけばいい、スンニ(スンナ)=慣習を重視。サウジアラビアなど。

シーア派(約15%)
アリー(預言者ムハンマドのいとこ)の党派(シーア)。血統を重視。イランなど。

神に選ばれた最後の預言者であるムハンマドが、神から下された言葉を人々に伝えたことが始まりとされる。

仏教

開祖:ゴータマ・シッダールタ
成立:紀元前5世紀ごろ

- チベット仏教
- 上座部仏教 ※上座部とは「長老の僧、徳の高い僧」の意。
- 大乗仏教 ※大乗とは「大きな乗り物」の意。

仏の教え。仏とはブッダ=真理に目覚めた人(ゴータマ・シッダールタ)のこと。物事の真理を知ることを「悟りを開く」という。

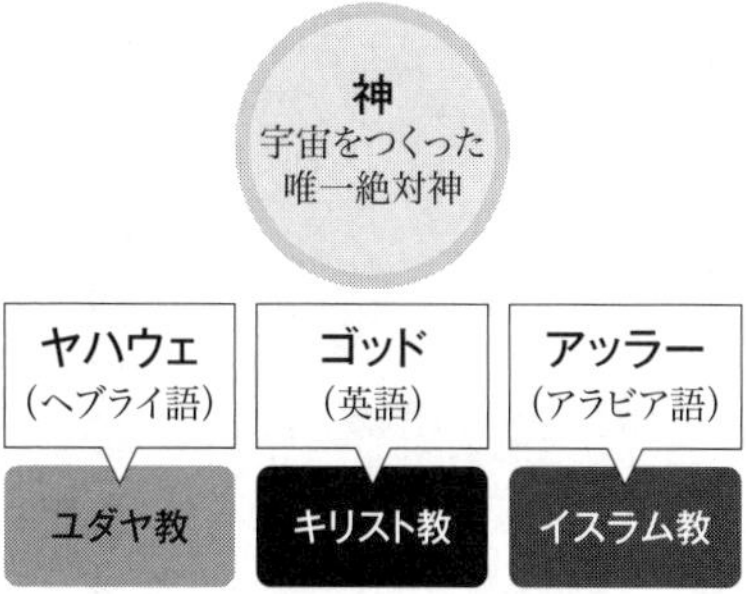
神
宇宙をつくった
唯一絶対神
ヤハウェ
（ヘブライ語）
ゴッド
（英語）
アッラー
（アラビア語）
ユダヤ教
キリスト教
イスラム教

※エジプトのキリスト教系のコプト教では、神をアッラーと呼ぶ。

この3つの宗教が信じる神は同じ

ユダヤ教、キリスト教、イスラム教の3つを並べて解説することが多い。実は、この3つの宗教は、同じ唯一神を信じる。ちなみに、ユダヤ教は、紀元前13～前12世紀に成立した宗教。ユダヤ教を信仰する人はユダヤ人と呼ばれる。

エルサレムの旧市街には3つの宗教の聖地がある

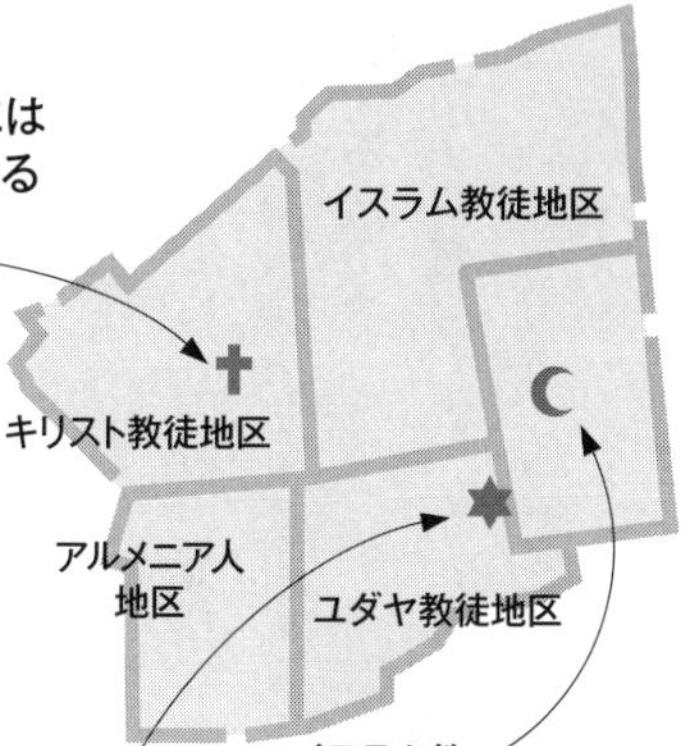
イスラム教徒地区
キリスト教徒地区
アルメニア人
地区
ユダヤ教徒地区

キリスト教
聖墳墓教会

イエスが十字架にかけられたゴルゴタの丘があったとされる場所に建てられている。

イスラム教
岩のドーム

メッカにいたムハンマドが天馬に乗ってエルサレムに行き、そこから天に昇ったとされる「聖なる岩」を丸い屋根で覆い、この建物に。

ユダヤ教
嘆きの壁

紀元後70年にローマ帝国によって神殿が破壊された。その神殿の西側の壁だけが残った。夜露にぬれると涙を流しているように見えるところから名づけられたとも。

■世界史を塗り替えてきた「感染症」

将来、歴史家は2020年、そして2021年という年をどう解説するのでしょうか。2020年、2021年の世界を象徴するキーワード、それは**「感染症」と「分断」**ではないでしょうか。

2019年末に中国湖北《こほく》省武漢《ぶかん》市で発生した新型コロナウイルス感染症（COVID-19）は、瞬く間に全世界に広がりました。今回、感染者数が最も多いアメリカでの死者は60万人近く。これは、第1次世界大戦と第2次世界大戦とベトナム戦争で亡くなったアメリカの**戦死者の総数を超える数**です。

新型コロナウイルスの感染症防止対策のため、私たちの暮らしは大きく変わりました。学校の授業はオンラインになり、仕事はリモートによる在宅勤務になった人も多かったことでしょう。

まだまだ先だと思われていた新しい生活スタイルが、期せずして定着してしまったの

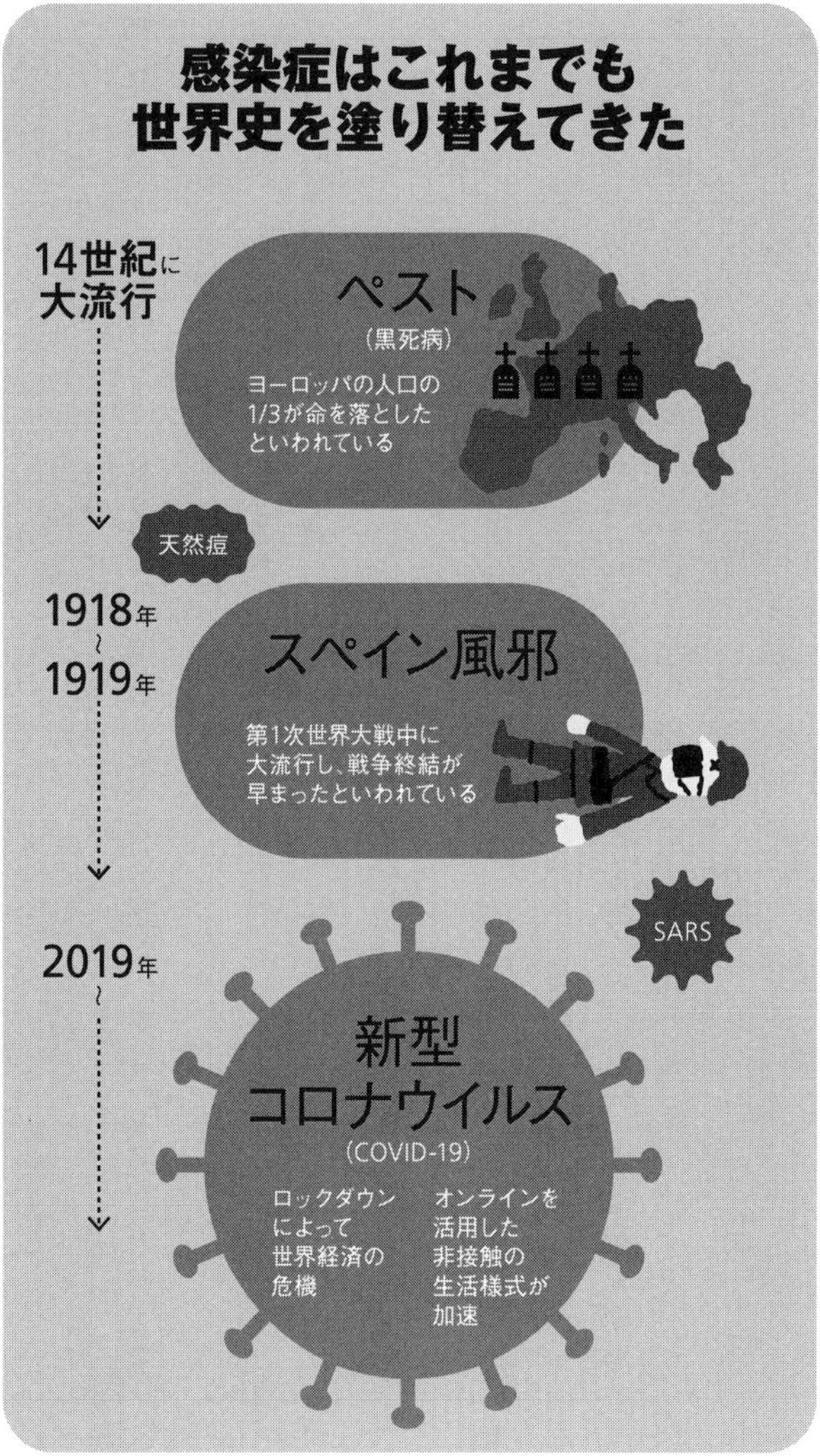
感染症はこれまでも
世界史を塗り替えてきた
14世紀に
大流行
ペスト
(黒死病)
ヨーロッパの人口の
1/3が命を落とした
といわれている
天然痘
1918年
~
1919年
スペイン風邪
第1次世界大戦中に
大流行し、戦争終結が
早まったといわれている
SARS
2019年
~
新型
コロナウイルス
(COVID-19)
ロックダウン
によって
世界経済の
危機
オンラインを
活用した
非接触の
生活様式が
加速

です。
その一方で、世界各国では感染防止のための大規模なロックダウン（都市封鎖）を実施した結果、世界経済は**100年に1度とも言うべき厳しい危機に遭遇**しています。私たちはそんな歴史の大転換期を生きているのです。

「感染症」は、過去に時代を動かしてきました。世界史を紐解《ひもと》くと、感染症と人類との闘いは幾度となく繰り返されてきました。

われわれは学校で世界史を学んできましたが、さまざまな感染症がどう歴史を変えたかについてはあまり教えられていません。

たとえば14世紀には、ヨーロッパでペストが爆発的に広まりました。ペストは歴史上、何度か大流行が起こりましたが、なかでも14世紀に蔓延《まんえん》したペストは史上最悪といわれています。当時、ヨーロッパの人口は3億人だったのですが、そのうち1億人が命を落としたと推定されています。

感染すると数日で発熱し、皮膚が黒くなって死んでいくことから「黒死病」と呼ばれました。

■大学入学共通テストに出題された『デカメロン』

その**14世紀のペストが生んだ文学に『デカメロン』**（ボッカチオ）があります。

２０２１年に行われた大学入学共通テスト世界史Bの問題に取り上げられました。『デカメロン』の一節が紹介され、書いたのは誰か、当時の感染症は何だったのか、どこから持ち込まれたのか、あるいは感染拡大によりヨーロッパでどのような経済的変化が起きたのかが問われました。

共通テストの問題を見ると、これまでの大学入試センター試験のようにただひたすら知識を詰め込めばいいというものではないことがわかります。自分の中で消化し、自らの頭で考え、自ら問いを立てるような能力が問われる。センター試験以上に思考力が試されます。

「今回の新型コロナウイルスに立ち向かうには、14世紀のヨーロッパで大流行したペストが参考になる」としきりに言われていました。単に教科書の知識を詰め込むのではなく、**いま起きているニュースと歴史を結びつける**ような学習をしていたらたやすく解答できたはずなのです。

生物基礎では、遺伝子関連の問題が出ていました。日本ではファイザー社とモデルナ社のワクチンが承認され、2021年2月中旬から医療従事者への接種が始まりました。今回、日本で承認されたファイザー社とモデルナ社のワクチンは、**「m（メッセンジャー）RNA」ワクチンという新しい技術を用いたワクチン**です。

すでにあるインフルエンザなどのワクチンは「不活化ワクチン」と言われるものでした。ウイルスを不活化、すなわち病原性を消失させて人間の体内に入れ免疫をつくるというやり方です。

しかしmRNAワクチンは、新型コロナウイルスの遺伝子を解析し、人工的に作り出したmRNAを体内に入れて、人間の体の中であえて新型コロナウイルスの外側のスパイクタンパク質を合成させるというかたちで免疫をつくります。体内でウイルスのタンパク質がつくられると、人間の細胞が「ウイルスが入って来た」と勘違いして免疫をつくるという仕組みです。

ニュースを見ていれば、今回ファイザー社やモデルナ社がつくるワクチンはこれまでのものとは全く違うつくり方をするということ、mRNAを使うことがわかっていたはずです。日頃から世の中のことにどれだけ関心を持っているかを試す問題が出たとも言えます。これまでとは違う学びの姿を、社会が求めているということでしょう。

■アステカもインカも感染症に滅ぼされた

15～16世紀の大航海時代には、主にスペイン人が中南米を征服します。アステカ王国、インカ帝国などが、スペイン軍に滅ぼされるのです。

インカ帝国は当時、8万人の軍隊を擁していたといわれます。そこにやってきたスペイン軍の兵はわずか200人足らずでした。

インカ帝国の住民は軍事力によって支配下に置かれたのではありません。**スペイン軍が持ち込んださまざまな病原体によって滅ぼされた**のです。

スペイン人はペスト、天然痘、はしかなど、**いろいろな病原菌に対する免疫を持って**

いました。しかし中南米の住民たちはヨーロッパで広まったような病原体に対する免疫を持っていませんでした。住民たちはバタバタと倒れていきます。

アステカ王国やインカ帝国の人たちにしてみると、病原体の存在など知るはずもありませんから、自分たちは「神から見放された」という絶望感にかられる。戦う気力を失《な》くしスペイン軍に征服されます。

一方のスペイン軍にしてみれば、わずかな兵で住民たちを打ち破ることができた。「われわれは神の祝福を得ている」と思い込むのです。

結果的に住民たちの言語の多くが失われました。中南米の人がスペイン語やポルトガル語を話すのは、中南米にヨーロッパの感染症が持ち込まれたからにほかなりません。**歴史的な大転換の裏には、パンデミック（感染症が世界的に大流行する状態）があったのです。**

2020年のキーワード「感染症」については、第5章でさらに詳しく解説します。

■異例ずくめの2020年アメリカ大統領選挙

もうひとつのキーワードは**「分断」**です。

2020年のアメリカ大統領選挙は異例ずくめでした。ドナルド・トランプ陣営が各地で**開票の差し止めを裁判所に求める事態となり、敗北宣言をしなかった**からです。

通常のアメリカ大統領選挙は、主要メディアが一方の勝利を報じた段階で、敗北を報じられた候補が当選した候補に対して「おめでとう」の電話を入れ、支持者に向けて敗北を宣言します。これを受けて当選した候補が「いま相手候補からおめでとうの電話をもらった」と支援者に公表する。そして支援者たちが歓喜に沸くというのが通常のパターンです。

別にルールがあるわけではありませんが、慣例でした。2016年にはヒラリー・クリントンが、勝利したトランプに敗北を認める電話をしています。トランプは「先ほどクリントン氏から電話を受けた。我々の勝利を祝福するものだった」と勝利演説をしました。

どんなに選挙中に相手と激しくやり合っても、選挙が終わったら互いに健闘をたたえ合う。そして「これからはアメリカのために協力し合おう」と誓い合うのです。しかし、トランプには通用しませんでした。敗北を認めないので、ジョー・バイデン候補は見切り発車で現地時間の2020年11月7日に事実上の勝利宣言の演説をしました。

■歴史に刻まれる「議事堂乱入事件」

現在のアメリカは、**南北戦争（1861〜1865年）以来の深刻な分断状態にある**といわれています。2020年の大統領選挙は「民主党」対「共和党」の戦いというより、「トランプ」対「反トランプ」の戦いでした。中には「鼻をつまんでバイデンに投票する」という人もいたようです。バイデンを支持しているわけではないが、トランプを大統領にさせないために投票するというわけです。

しかし、**アメリカ連邦議会議事堂乱入などという史上最悪の事件**まで起きてしまうとは……。

トランプ応援団として目立った動きをしたのは、武装極右集団「オース・キーパーズ」、陰謀論者「Qアノン」、極右団体「プラウド・ボーイズ」などのグループです。どんなグループなのか、簡単に説明しましょう。

「オース・キーパーズ」のＯａｔｈは〝誓い〟で、アメリカ合衆国憲法に書かれた国民の権利への誓いを守る者たちという意味。元軍人や警察官などを中心に構成されるアメリカの民兵組織です。トランプに「最後のチャンスです」などと行動を呼びかける書簡を公開。トランプが任期を終える前に、最高司令官として行動することを求めました。要はトランプにクーデターを求めたのですね。議事堂に彼らが大挙して乱入する様子が撮影されています。

Qアノンは、陰謀論信奉者です。トランプ政権が誕生してまもなくネットの掲示板に「自分はトランプ政権の中にいるが」と、「Q」を名乗る正体不明の投稿者が現れたのが発端でした。「匿名」を意味するアノニマス（anonymous）の略「ａｎｏｎ」を「Q」につけてQアノンです。

アメリカには「**ディープステート**」、つまり〝**影の政府**〟が存在していて、政治を裏から操作し、主要メディアもコントロールしているなどという**根拠のない陰謀論を拡散**しています。

かつては「ピザゲート」と呼ばれる陰謀論も出回っていました。ワシントンのピザ店が小児性愛と児童買春の拠点になっており、ヒラリー・クリントンがそれにかかわっている。メニューに出てくるチーズやホットドッグ、ピザといった単語はすべて男の子、女の子、何歳という暗号で、いまも民主党はおぞましい児童買春をしている。Qアノンは「この連中と果敢に戦っているのがトランプ大統領だ」という主張を展開したのです。

政治にあまり関心のない大勢がフェイスブックなどSNS（ソーシャル・ネットワーキング・サービス）を通じてQアノンに染まっていき、民主党について突拍子もない考えを持つようになりました。

プラウド・ボーイズは「親トランプ」を掲げている極右団体です。大統領候補のテレビ討論会で、トランプから「Stand back and stand by」（いったん下がって待機せよ）と指示され大喜びしていました。現在、カナダ政府にテロ組織として指定されています。

トランプ応援団
陰謀論信奉者Qアノン

Qアノンが信じている
陰謀論
Deep
State
アメリカを
支配する
"影の政府"
トランプは
"影の政府"と
戦う救世主
「Q」を名乗る匿名の投稿者
による書き込みが発端
Q
主にSNSによって
広まっていった
Qに
anonymous(匿名)をつけて
「Qアノン」と呼ばれる

一方、反トランプを掲げたのはまず「Black Lives Matter（BLM）」。アフリカ系アメリカ人に対する人種差別に抗議する人たちです。組織化されているわけではなく、差別反対運動のことです。

「アンティファ」と呼ばれる人たちは「アンチ・ファシズム」の略。つまり「ファシズムに反対だ」という左翼グループです。別に組織だっているわけではなく、緩やかなネットワークです。アメリカでは、白人至上主義者グループのデモに積極的に抗議することで知られています。

欧米には伝統的に無政府主義を掲げて活動している黒ずくめの集団がいて、反対運動のときの暴動に乗じて店を襲撃し、略奪事件を起こしたりしています。トランプはアンティファをテロ組織に指定すると発言しました。それなりの組織があるわけではないのに、テロ組織呼ばわりする。これは、**「自分に反対する人間はテロリストだ」という印象操作の一環**でした。

驚いたのは議会議事堂乱入事件後、プラウド・ボーイズの一部メンバーが、トランプを「裏切り者」と呼んだことです。事件に関与したメンバーは、トランプが大統領就任式の日に戒厳令を出し、民主党議員をみんな逮捕して自分が政権を維持すると信じていました。それなのにさっさとフロリダへ逃げ帰ってしまったように見えたからです。

今回、大統領となったバイデンは**8100万票を超える史上最多の票を獲得**しましたが、トランプも7400万票以上を獲得しました。こちらは**再選を果たせなかった現職大統領として史上最多**です。共和党の大統領候補としても史上最多でした。

国民の分断を象徴する結果でした。

■「南北戦争」以来の分断の危機に直面するアメリカ

パンデミックは**アメリカの格差の現状をも浮き彫りにしました。**新型コロナウイルスでの死亡率は、黒人（アフリカ系アメリカ人）が際立って高いと言うのです。

2020年5月下旬には、ミネソタ州ミネアポリスで黒人男性のジョージ・フロイドさんが白人警察官に暴行され死亡しました。通行人が撮影した動画には、白人の警官が「息ができない」というフロイドさんの訴えを無視して首をずっと膝《ひざ》で押さえつける様子が映っていました。

この動画はＳＮＳを通じて瞬く間に拡散し（撮影した18歳少女にピューリッツァー賞・特別賞）、全米で黒人差別に対する抗議運動「ＢＬＭ」が巻き起こりました。

テニスの大坂《おおさか》なおみ選手が、２０２０年8月から9月に開催された全米オープンで人種差別に抗議の意思を示すため、試合ごとに決勝まで7人の黒人犠牲者の名前が記されたマスクを着けて登場し話題になりました。

アメリカの黒人の多くは、アフリカから連れてこられた奴隷の子孫です。アメリカは独立以来「自由」「民主主義」を旗印に掲げていますが、**いまだに黒人はそれを共有できずにいます**。

トランプは大統領に就任以来、白人至上主義の肩を持つような発言をしたり、多様性社会を受け入れない政治姿勢を示したりして、**社会の「分断」を深刻化させてきました**。

しかし、トランプが大統領になったから分断が進んだというよりは、**分断がトランプ大統領を生んだというのが正しい**のでしょう。バイデン大統領はしきりに「結束」を呼びかけていますが、道のりは決して平坦《へいたん》ではありません。

第1章では、黒人差別がいまも消えないアメリカについて解説します。

■イギリスがついにEU離脱

アメリカほどひどくないとはいえ、ヨーロッパでも分裂の火がくすぶっています。
コロナ禍に揺れた2020年12月31日深夜、ヨーロッパでは**イギリスのEU（欧州連合）離脱（＝ブレグジット）が完了しました**。国民投票から4年半をかけた離脱プロセスがやっと終了したのです。イギリス国民にしてみたら「やれやれ」というところでしょう。

しかしわれわれが「イギリス」と呼んでいる国は、正式には「グレートブリテン及び北アイルランド連合王国」、つまりイングランド、スコットランド、ウェールズ、北アイルランドで構成されている連合国です。

スコットランド自治政府のニコラ・スタージョン首相は、ブレグジット後、「ヨーロッパのみなさん、スコットランドはすぐに戻ります」とツイートしました。

スコットランドには、イギリスから独立して、EUに復帰したい人たちが大勢いるのです。**ブレグジットは連合王国分裂の危機を引き起こす可能性があります。**

イギリスのEU離脱が決まった2016年。このとき、オーストリア、オランダ、フランスでも「EUから離脱すべき」と離脱を訴える政党が、国民からかなりの支持を得ていました。ところがイギリスが長い期間もめて、周りの国はEUから離脱することがいかに大変なことかがわかります。その結果、「離脱すべきだ」と主張する勢力は弱まりました。

EU離脱に際してイギリスの世論調査会社が実施した調査で、EU離脱の選択は「誤りだった」と後悔するイギリス人が51％に上り、「正しかった」と答えた人は40％に留《とど》まっています。

21年1月1日からイギリスはEUのルールに縛られない「自由」を得ました。しかし本当に正しい選択だったのか。それはこれから明らかになるのでしょう。

■新型コロナウイルスでイタリアが恨み節

ヨーロッパで最初に新型コロナウイルスの感染が広まったのはイタリアでした。イタリアは医療崩壊に直面し、マスクや防護服が足りないと各国に支援を求めました。しかし**EU各国は自国優先で要請に応《こた》えられませんでした**。

イタリアは財政難から医療施設や医療従事者を減らしていました。感染拡大が落ち着いてからはフランスやドイツが重症患者を受け入れましたが、初期段階で支援できなかったのです。

イタリアにしてみれば「EUはひとつ」などと言いながら、結局は自国第一主義ではないか、というわけです。欧州委員会のウルズラ・フォン・デア・ライエン委員長は、全面的に非を認め公の場でイタリアに謝罪しました。

感染を防がなければいけないということで国境を封鎖している光景を見るにつけ、EUの連帯とは何だったのかと思ってしまいます。

■ナワリヌイの毒殺はかる？「おそロシア」

ウクライナ問題（２０１４年）を契機として、欧米諸国との関係が悪化しているロシア。そのロシア国内では、**ウラジーミル・プーチン大統領支持派と反対勢力との分断が露《あら》わになっています**。２０２１年に入って反プーチンデモがロシア全土に広がりました。

ことの始まりはロシアの反体制派の指導者アレクセイ・ナワリヌイが２０２０年8月、何者かによって毒殺されそうになった事件です。

ナワリヌイはドイツの病院に運ばれて治療を受けたことで、一命を取り留めました。ドイツの病院での検査の結果、使われたのは猛毒の神経剤ノビチョクと判明します。ノビチョクとは「新米」とか「駆け出し」とかいう意味で、旧ソ連（ソビエト連邦）軍が１９７０年代から80年代にかけて開発した神経ガスです。今回は、それの最新版が使われたようでした。こんなものを一般人が入手できるはずがありません。持っているのは軍の関係者だけのはずです。

ドイツやフランスはロシア政府の関与を疑いましたが、ロシアは否定しました。

ところが、2020年の暮れにイギリスの民間調査報道機関「ベリングキャット」が犯行にかかわったのはロシアのFSB（連邦保安局）のエージェントであることを発表しました。ベリングキャットとは何者か。いま、ロシアでいったい何が起っているのか。ブレグジット後のヨーロッパとともに、第2章で解説します。

■「アラブの春」から10年

第3章は中東です。

いまから10年前といえば、日本では2011年の東日本大震災に関する報道が連日行われていましたが、中東では「**アラブの春**」が起きていました。

チュニジアから始まり、中東各地に広がった一連の民主化運動です。チュニジアではベン・アリ政権が崩壊。エジプトではホスニ・ムバラク政権が崩壊し、12年5月には大統領選挙が行われました。

リビアでは11年2月以降に、東部を拠点とする反体制派とムアンマル・アル＝カダフィ政権が武力衝突しました。ＮＡＴＯ（北大西洋条約機構）軍による反体制派への支援の軍事行動が開始され、42年間におよんだカダフィ政権が崩壊しました。

アラブの春以降、民主化の動きは着実に進みましたが、必ずしもよい結果をもたらさなかったケースもあります。２０２１年5月にはイスラエル政府とパレスチナの過激派「ハマス」との軍事衝突も起きました。中東のいまはどうなっているのかをみていくことにしましょう。

■ウイグル報道に反発。英ＢＢＣを締めだした中国

アジアでは、中国の暴走が止まりません。

とりわけ中国の新疆《しんきょう》ウイグル自治区での人権弾圧をめぐっては欧米各国が激しく非難しています。

中国は「中国の民族的な団結を壊した」などとして、イギリスの公共放送である

ＢＢＣの中国での放送を許可しないと発表しました。**新疆ウイグル自治区での人権侵害問題についてのＢＢＣの報道に対し、反発**しているのです。

中国政府は、新疆ウイグル自治区での外国の報道機関の取材に神経を尖らせています。それでも朝日新聞や毎日新聞が自治区潜入ルポを掲載しています。

記者がウルムチ（新疆ウイグル自治区首府）へ入ると、モスクがカフェや土産物屋に変えられたり、次々と閉鎖させられたりしている実態を伝えていました。イスラム教のモスクの場合、屋根の上に三日月のシンボルマークがあるのですが、すべて取り外されていたそうです。

衛星写真で、どうやらモスクが破壊されているということはある程度、推測情報が出ていましたが、実際に現場に行ったルポは貴重です。取材した記者は尾行され、毎日新聞の記者は撮影した写真データを抹消させられたそうです。

新疆ウイグル自治区を取材し人権問題を報じたりすると、それぞれのメディアの北京《ペキン》支局が嫌がらせを受けます。活動を停止させられたり、ある種人質になったりするのです。よって各国メディアの北京支局の記者はそういうところへは行きづらいという実情があります。

中国は「こうなるぞ」と、**ほかのテレビ局や新聞社に対して見せつけることで圧力をかける**のです。とりわけ習近平《しゅうきんぺい》体制になって、それがどんどん進んでいます。

■2021年は共産党建党100周年の中国

その中国にとって、2021年は大事な年です。**共産党建党100周年を迎える**のです。

いまから100年前、上海《シャンハイ》の租界の住宅街に中国共産党のメンバー、毛沢東《もうたくとう》を含めた12人がひそかに集まりました。当時、ロシア革命（1917年）のあと、ロシアはソ連になりますが、革命を成功させるためには、世界全体を共産主義にしなければならないと考え、**ソ連は「世界中を共産主義にする」という組織、コミンテルン（共産主義インターナショナル）をつくります。**

そのコミンテルン中国支部として100年前に中国共産党が産声をあげたのです。ち

2021年の強国・中国
世界の覇者をめざす

2021年
中国共産党
建党100周年
毛沢東
記念映画
『1921』を制作
100
周年
習近平
2049年は
中華人民共和国建国
100周年
建国100周年まで
世界の覇者に
なるのが目標

なみにその翌年（1922年）、コミンテルン日本支部となったのが日本共産党です。

日本共産党と中国共産党の関係は、中国の文化大革命時代、大変険悪な状態になり、その後一時はよくなったのですが、現在また悪くなっています。日本共産党は中国共産党を厳しく批判していますが、ルーツは同じだったのです。

実はいま中国で『1921』という映画の制作が進んでいます。100年前の中国共産党の建党をテーマにした記念映画です。

私が注目しているのは、毛沢東がどのように描かれるかです。100年前、上海の住宅街に集まった12人の中に確かに毛沢東はいました。いたのですが、下っ端のメンバーだったのです。その後、どんどんライバルを蹴落《けお》として共産党の中で権力の階段を上っていき、**結果的に「建国の父」にまでなりました。**

今回の映画では、史実通り若手の下っ端として描かれているのか、仲間を指導する立場として描かれるのか、言ってみれば美化されるのか、個人的には興味津々です。

中国にとっては2021年の100周年も大事ですが、もうひとつ大事な年が2049年にやってきます。**中華人民共和国建国100周年**です。中国は共産党によってここまで大きく発展したということを国民にアピールするでしょう。

実際にはこの100年間、悲惨なことが多くありました。中国はそういう歴史をすべてなかったことにして100周年という形で国民の洗脳を進めています。そして**2049年までに世界の覇者になるのが目標**です。アメリカを抜いて世界1位の国になろう、いま中国はそこへ向かって猛進しています（『China2049』マイケル・ピルズベリー・著、などが参考になります）。

覇権志向をむき出しにする中国については第4章で詳しくみていきます。

■「忖度政治」日本でもアメリカでも

政治権力を持ち、周りが自分を批判しなくなると心地よいのでしょう。ゴマをすって、忖度《そんたく》してくれる。これは**権力の甘い罠《わな》**です。中国では習近平に誰も逆らえません。

中国だけの話ではありません。日本の場合も程度こそ違えど第2次安倍晋三《あべしんぞう》政権ができてから同じような構造が生まれたのではないでしょうか。菅義偉《すがよしひで》官房長官（当時）の言うことを聞かない官僚は事務次官（官僚のトップ）になれず、優秀な人材でも菅官房長官の言うことを素直に聞かなかったというだけでポンと飛ばされ、まったく別のお気に入りの人が事務次官になるという人事が起きました。

結果、霞《かすみ》が関《せき》の官僚たちはひたすら忖度をするようになっていき、あるいは公文書の改竄《かいざん》が行われるようになりました。

アメリカのトランプ政権もしかりでした。トランプが大統領になった直後は、トランプに苦言を呈する人がいたのです。すると、その人たちがみるみるクビになって追い出されていく。結果的に政権内はトランプの言うことを忠実に聞く人たちばかりになってしまいました。

■政治と官僚の歪んだ関係

日本では、**政治不信を加速させるような事態が立て続けに起きています。**

菅首相の長男がかかわる東北新社（衛星放送関連会社）から高額接待を受けていたと

して山田真貴子《やまだまきこ》内閣広報官（当時）と谷脇康彦《たにわきやすひこ》総務審議官（当時）が国会に招致されました。

2人は、「東北新社以外からは受けていない」と明言していたのに、実はNTTからも高額接待を受けていたことが判明。国民を呆《あき》れさせました。

1998年の大蔵省接待汚職事件（いわゆるノーパンしゃぶしゃぶ事件）をきっかけに、2000年、国家公務員倫理法が施行されました。

倫理規定では、利害関係者から金銭・品物の贈与や接待を受けることは禁止。また自己負担する場合でも1万円を超える見込みの会食は事前の届け出が必要としています。

山田前内閣広報官は2019年の総務審議官時代に7万円超の高額接待を受けたことも判明しました。完全に違反しています。

なぜ高額接待があったのか。それは総務省が放送という公共の電波の許認可権を握っているからです。それがあるがゆえさまざまな接待をする。政府の一機関が放送の許認可権を持っているのは、先進国では日本だけです。

山田前内閣広報官は菅首相のお気に入りだったようです。2020年10月、菅首相が

ＮＨＫ「ニュースウオッチ９」に生出演した際、有馬嘉男《ありまよしお》キャスターが学術会議問題について斬り込み、「官邸を怒らせた」などと一部で報道されました。さらに放送後「総理、怒っていますよ」と抗議の電話をしたのが山田前内閣広報官だったとも報じられています。

一方、菅首相は官房長官時代、ふるさと納税の拡充を指示したにもかかわらず異議を唱えた官僚を自治大学校校長に左遷したという過去もあります。

「政治主導」といえば聞こえがいいのですが、忖度するゴマスリ官僚を重用し、意に沿わない人間は徹底して排除する。これでは健全な民主主義は保たれません。

「**国民は自分たちのレベルに見合う政府しか持てない**」と言われます。２０２１年は衆議院選挙が行われます。この衆議院選挙は日本の行く末が問われる選挙になるでしょう。先送りできない問題が山積する日本については第６章で解説します。

■やっと日本も排出ゼロを宣言

感染症の世界的流行への対策など、世界が協力して解決していかなければならない問題も山積しています。中でも、**地球温暖化対策は待ったなし**です。

気候変動に関する政府間パネル（ＩＰＣＣ）は最新の報告書において、このまま化石燃料を大量に消費し続けた場合、最悪のシナリオでは２１００年ごろまでに地球の平均気温は産業革命前と比較して最大４・８℃上昇すると予測しています。このままでは人類は２１００年を迎えられません。

そこで２０１５年に採択されたパリ協定では、「何としても２１００年までの平均気温の上昇を２℃未満に抑える。可能な限り１・５℃に抑える」ことが目標として掲げられました。**ヨーロッパの先進国はすべてこのパリ協定を守るために２０５０年までに温室効果ガスの排出をゼロにすると宣言しました**。主要７カ国（Ｇ７）でそこまでの明確な目標を掲げることがなかったのは、パリ協定を離脱したアメリカと、わが日本だけでした。

しかし、**アメリカがパリ協定に復帰**する流れが見え始めると、日本の菅首相は国会で「２０５０年までに温室効果ガスの排出を全体としてゼロにする」と表明。ところが問題は、2050年にゼロを目指すなら、2030年までに半減が必要だということです。菅首相は2021年4月22日、日本の30年度までの削減目標を2013年度に比べて46%削減すると宣言しました。そのための効果的な対策を講じなければなりません。

パリ協定に提出されている各国の目標を足し合わせると、世界の平均気温を3℃もあげてしまうと予測されています。2021年イギリスで開催される国連気候変動枠組条約締約国会議（COP26）グラスゴー会議では、**いまだ足りない各国の削減目標をいかに引き上げるかが問われる**でしょう。

ちなみに平均気温が4・8℃上昇するとどうなるのか。海面は2メートル近く上がり、日本では砂浜の8割が失われるとされています。

自国の利益だけを考えて行動するわけにはいきません。地球温暖化のほかにもプラスチックによる海の汚染、感染症の世界的流行への対策など、世界が抱える課題は山積です。人類共通の問題については第5章で取り上げます。

さて、2020年、私たちは大変な思いをしましたが、2040年、2050年に2020年を振り返ったとき、どういう年だったと総括できるでしょうか。

新冷戦が深刻化。中国とアメリカの覇権争い

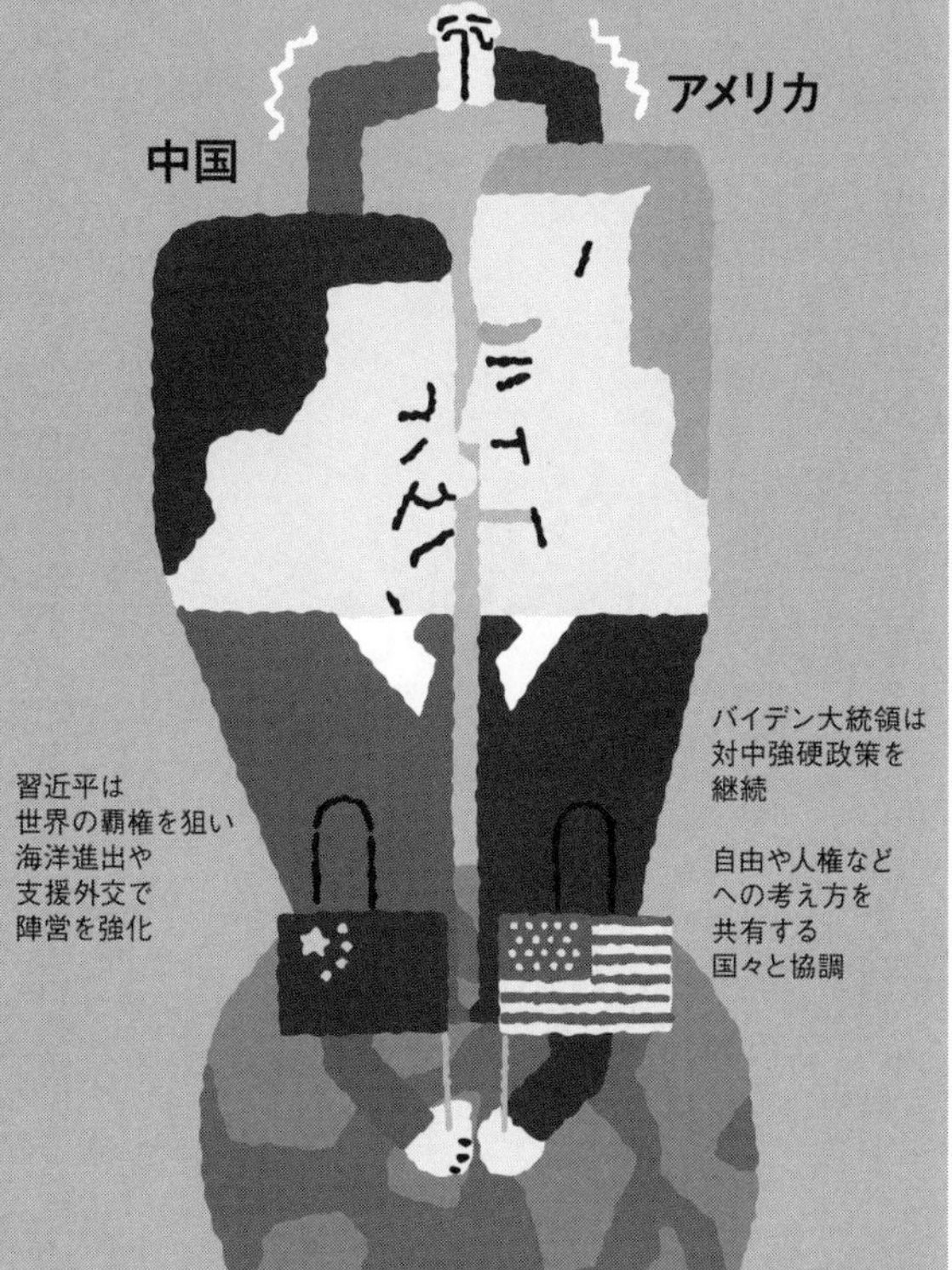

中国
アメリカ
習近平は
世界の覇権を狙い
海洋進出や
支援外交で
陣営を強化
バイデン大統領は
対中強硬政策を
継続
自由や人権など
への考え方を
共有する
国々と協調

今回でシリーズ12冊目になりました。「知らないと恥をかく」ことはないかも知れませんが、**世の中をより良く変えるのは、まず「知る」ことから始まる**と思います。感謝と共に、この本がその一助となれば幸いです。

第1章　トランプ劇場〝第2幕〟の幕開け

■バイデン政権、女性を積極登用

２０２０年のアメリカ大統領選挙は**歴史的な大混戦**となりました。

２０２１年1月20日、アメリカの第46代大統領に就任したのは民主党のジョー・バイデン。バラク・オバマが大統領だった時代、副大統領を務めた人です。人事ではオバマ政権時代のベテランを多く起用し「第3期オバマ政権」などと言う人もいます。ただ**閣僚25人のうち約半分を女性にしました。**広報チームはすべて女性。これは同国史上初のことです。

財務長官に指名されたジャネット・イエレンも、アメリカ史上初の女性財務長官です。イエレンは米連邦準備制度理事会（ＦＲＢ）の前議長でした。日本に当てはめるなら日本銀行の女性総裁という立場です。それが今度は、財務大臣に就いたということです。現在の日本では考えられない人事です。

運輸長官にはピート・ブティジェッジを抜擢《ばってき》しました。彼は同性愛者であることを公表しています。バイデンとは大統領選挙で民主党候補指名を争いました。民主党で次世代のホープと期待されている人物です。

安全保障の中枢を担う国防長官に指名したのは、元中央軍司令官のロイド・オースティン。つまり「ペンタゴン（五角形の形をしたアメリカ国防総省の本庁舎のこと。転じて、国防総省そのものを意味する）」のトップですね。黒人として初の国防長官です。

米連邦法では、文民統制の観点から元軍人は退役から7年間は国防長官に就任することを禁止されています。オースティンは退役から5年しか経っていませんが、上下両院でこの規定を免除することを承認され、例外として長官に就任しました。共和党も賛成したということは、それだけ実績があるということでしょう。アメリカの国防総省は「日本との関係は重要」という立場です。バイデン大統領はそれに従うでしょう。

■バイデンは「反日」は本当か

バイデンという人物を「反日・親中」と呼ぶ人がいます。就任当初、日米関係の悪化を心配する声が上がりました。

「親中」と言われるのは、バイデンが副大統領時代に中国を公式訪問した際、息子のハンター・バイデンも同行しており、その後、彼が中国から大金を受け取っていたという黒い噂があるからでしょう。中国からかなりの便宜供与を受けたので、弱みを握られていると言うのです。ハンター・バイデンは、中国ビジネスをめぐり検察当局の捜査を受けていると自らが明らかにしています。

「反日」というのは、バイデンがオバマ政権の副大統領時代に安倍晋三首相（当時）に靖國《やすくに》神社参拝をやめるように要求していたのに安倍首相が参拝を強行した後、「心から失望した」という声明を出したからだと言われています。でもこれは反日ではなく、安倍政権に危惧を持ったということでしょう。

安倍首相は「戦後レジーム（戦後体制）からの脱却」を提唱し、「押し付け憲法を改正する」と言っていました。これがアメリカ人からすると**「反米を掲げた」**、**「歴史修正主義者」と映った**のです。安倍政権に危惧を表明すると、すぐに「反日」というレッテルを貼る。熱烈な安倍支持者に見られる行動パターンですが、それを「反日」と呼ぶのは、あまりに偏った見方でしょう。

2011年の東日本大震災のあと、バイデン副大統領は来日。現地に来て、「アメリカはみなさんの傍にいることを約束する」と被災者たちに語りかけました。あのとき「バイデンさんに励まされた」と語る被災者も数多くいます。

バイデン政権は、トランプ政権とは全く異なる政策を取ると言われていますが、少なくとも、**「バイ・アメリカン（アメリカ企業の競争力回復と雇用拡大のため輸入制限などを行う）」と「対中強硬政策」についてはトランプ政権の方針を引き継ぐ**ことを明らかにしています。

トランプ前大統領はオバマ政権が8年間かけてつくったレガシーを4年間で破壊し尽していきました。バイデン大統領はまた4年かけて**オバマ時代の遺産を修復する**ことになるでしょう。もう78歳ですから、途中で力尽きて、副大統領のカマラ・ハリスに大統領職を禅譲する可能性がないとは言えませんが。

■「アメリカ第一主義」からの大転換

バイデンは、大統領に就任直後「たくさんの大統領令に署名する」と宣言し、米メディアの集計では1カ月間で32もの大統領令に署名しました。これは歴代大統領で最多です。大統領令とは、行政命令。議会の承認を経ずに議会が成立させる法律とほぼ同等の効力を持つものです。トランプ前大統領も大統領令を連発しました。ただ、これは国民に対するものではなく、あくまで連邦政府の行政職員に対するものです。

トランプ前大統領は、オバマケア（医療保険制度改革）の見直しに始まり、メキシコ国境の壁の建設、中東・アフリカ7カ国からの渡航者の入国禁止、TPP（環太平洋経済連携協定）からの離脱など、オバマ政権の政策を大統領令で次々と覆していきました。バイデン大統領になり、今度は**トランプ政権の政策を次々とひっくり返しています**。

メキシコとの国境の壁はどうなったのか。もちろん壊しはしませんが、建設は中断です。トランプは公約で、「壁の費用はメキシコ側に出させる」と言っていましたが、メ

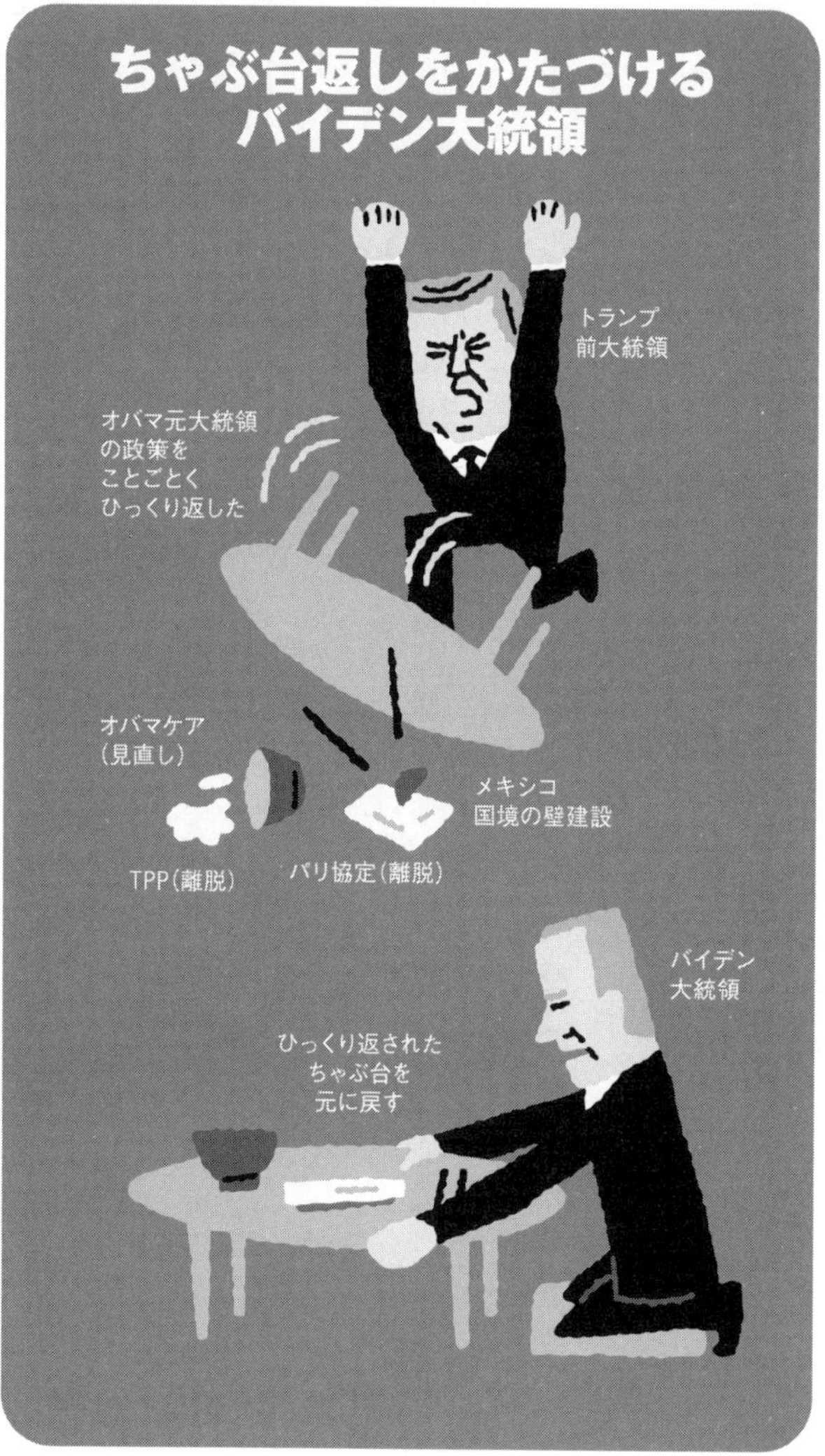
ちゃぶ台返しをかたづける
バイデン大統領
トランプ
前大統領
オバマ元大統領
の政策を
ことごとく
ひっくり返した
オバマケア
（見直し）
メキシコ
国境の壁建設
TPP（離脱）
パリ協定（離脱）
バイデン
大統領
ひっくり返された
ちゃぶ台を
元に戻す

キシコがそんな費用を出すわけがありません。仕方なく議会に対して「壁をつくる予算をつくって」と要請しましたが、民主党が多かった下院はその予算をごく一部しか認めませんでした。結局、議会の承認を経ずに迅速に措置できる非常事態宣言を出して、国防費の一部を転用しました。バイデンはその非常事態宣言を解除したのです。

在日アメリカ軍の駐留経費をもっと日本に負担させようという話も聞こえてきていました。いわゆる「思いやり予算」については、5年ごとにアメリカ政府と特別協定を結んで負担しています。その期限が2021年3月に迫っていました。

元大統領補佐官ジョン・ボルトンの回顧録（『ジョン・ボルトン回顧録　トランプ大統領との453日』）によれば、「思いやり予算」も含む駐留経費全体として日本側に年間約80億ドル（約8500億円）の負担を望んでいるとありましたが、アメリカ側から正式に要求が行われる前にトランプ政権は終了しました。バイデン政権になり、とりあえず2021年度分は現行の負担水準のままということで合意しました。

トランプ政権がオバマ政権の実績をことごとく否定したことは、いわば「ちゃぶ台返し」のようなものでした。ちゃぶ台をひっくり返すのは簡単ですが、元に戻すのは大変です。バイデン政権は、それを実行しようとしています。

バイデン大統領は気候変動対策の大統領令にも署名し、**地球温暖化対策の国際的な枠組み「パリ協定」に正式に復帰**しました。バイデン政権は**気候変動対策を政策の中心課題に**しています。その一環として、「キーストーンXL」というパイプライン建設認可も取り消しました。カナダの油田と、アメリカ南部の製油所を結ぶエネルギー網を拡張するパイプラインの計画です。「化石燃料に依存しない社会を目指す」というのが主な理由です。

このプロジェクトはオバマ大統領（当時）がいったん中止させたものを、トランプ前大統領が雇用創出のためだと称して就任早々に覆し、認可していたものです。

プロジェクトを中止すれば、労働者が数千人規模で仕事を失います。同プロジェクトを支持する労働組合などからは、失望の声があがりました。

アメリカの「分断」をどう修復するか、これがバイデン政権の最大の課題です。

■有名ラッパーも2020年大統領選挙に出馬していた

アメリカでは「民主党」と「共和党」の2大政党が力を持っていることは知っていますね。実際にはもっとたくさんの政党から候補者が出ます。ただし大統領選挙に候補として登録するには、州ごとに決められている数の署名を集めなければなりません。署名5000人の署名が必要という州もあれば、登録有権者の1％とする州もあります。署名を集めて初めて候補登録できるという規定になっていますから、全米50州のすべてでそれだけの支持を集めることができるのは共和党と民主党だけというのが現実です。

2016年にアメリカへ取材に行った際、ワシントン州（首都ワシントンではなくアメリカ西部のワシントン州）の投票用紙を見ると大統領選挙に立候補している人が10人以上いました。その中には「社会主義労働者党」なんていう政党もあってびっくり。アメリカにも、社会主義を標榜《ひょうぼう》する政党があるのですね。

ちなみに今回は、ラッパーのカニエ・ウェストという人が、自らが設立した「バースデー党」から立候補し、12の州で候補者名簿に載りました。12州合計で6万票以上を集めたようですが、さすがに日本などでは民主党と共和党以外の候補者はほとんどニュースになりません。トランプ前大統領は共和党ですね。共和党と民主党の違いは何なのか。いま一度、おさらいしておきましょう。

■トランプ支持者はマスクをしない

共和党は伝統的に、「政府の役割は小さくあるべきだ」と考えています。その支持者たちは高額な税金は払いたくない。その代わりに健康保険などの社会福祉も求めません。自分と自分の家族の面倒は自分たちでみるので、銃を持つ権利を主張する。「人々の経済活動に政府は介入するな、ほっといてくれ」と考えています。

一方、民主党は、人々の健康や生活のためには政府や地方自治体の介入はやむを得ないと考えています。社会福祉重視です。

それぞれ、**新型コロナウイルス対策についても好対照**でした。アメリカでは「外出禁止令」などは州知事の権限で出されます。その結果、民主党の知事がいる州は、概して外出禁止など厳しい対策を取りました。これに共和党の支持者たちは反対しました。「外出禁止などやめろ」というデモがアメリカ各地で起きました。

マスクをつけるのも拒否。トランプ支持者はマスクをしていないので、すぐにわかります。トランプ前大統領もこうした運動を支持しました。

トランプの政治集会で支持者たちは、たびたび「Fire Fauci!」（ファウチをクビにしろ）と合唱しました。ファウチとはアンソニー・ファウチのことで、米国立アレルギー・感染症研究所の所長。感染症の専門家です。ロナルド・レーガン以降のすべての大統領に感染症関連の助言を行ってきました。

しかしトランプ前大統領はファウチとは異なる主張を展開し、彼の助言を聞き入れませんでした。毎日のように行われていたトランプ大統領の記者会見に同席していたのですが、トランプが根拠のないことを言ったりすると、忖度《そんたく》なしに即座にその場で訂正したのです。トランプ支持者から見ると、「トランプ大統領に逆らっている。辞めさせろ！」というわけです。

■「消毒剤を体内に注射すればいい」で大騒ぎ

トランプ前大統領は当初より「新型コロナウイルスなんてたいしたことはない、すぐに消える」と主張していました。

ホワイトハウスで開かれた記者会見で、強い紫外線を当てると感染力を失わせることができるとか、市販の消毒剤も効くという発表を聞いて、「消毒剤を体内に注射すればいいのではないか」などと、深く考えずに思ったことを口にしました。周りは大騒ぎになり「ぜったいに飲んだり注射したりしないようにしてください」と呼びかける羽目になりました。しかし熱烈な支持者の中にはトランプの言葉を信じ、消毒剤を飲んだために救急車で運ばれる人が出ました。後日開かれた記者会見で、記者から「消毒剤を飲んだために救急搬送された人が相次いだことを質問されると、「どうしてそんな人が出たのか、皆目見当がつかない」と言ってのけました。**自分は絶対に責任を認めない。見事なトランプ流**でした。

トランプの敗因のひとつは、新型コロナウイルス対策の失敗にあります。アメリカにおいて、新型コロナウイルス感染症による死者はトランプ政権下で50万人を突破してしまいました。バイデン政権になってワクチン接種が進んだため、感染者数も死者数も大きく減りましたが、それでも死者数は60万人に近づいています。1年足らずで第2次世界大戦で死亡したアメリカ兵よりも多くの人が死亡したのです。これがなければ、トランプは再選されていたのではないでしょうか。

新型コロナウイルス対策の失敗で雲行きがあやしくなってきたトランプは、焦りからか、激戦州の世論調査の結果を「バイデンに負けています」と報告した人を激しく罵《ののし》ったといいます。悪い情報をもたらした人間を罵る。これでは、誰も悪い情報を伝えませんね。**ちゃんとした指導者はあえて耳に痛い情報を伝える人を大事にします。**「バイデンに負けています」と言われたら、「教えてくれてありがとう。どうすれば情勢を変えられるか検討しよう」というのが本来の指導者のあるべき姿でしょう。王様に悪い情報が入ってきません。

ファウチはバイデン大統領就任翌日、ホワイトハウスで行った会見の中で、「証拠や科学を提示して、科学に自ら語らせることができるのには解放感を覚える」と語っています。やっと元に戻ったというわけです。バイデン大統領の新型コロナウイルスに対する**国家戦略は「経済優先」から「科学重視」へ**、です。

■アメリカの一大転機となった南北戦争

アメリカは建国以来、自由の国として発展を遂げました。しかし南北戦争（1861～1865年）の原因となった政治上の対立が、現在もそのまま「民主党」と「共和党」の対立につながっているといえます。

アメリカの一大転機となった南北戦争とは、どんな戦争だったのでしょうか。

南北戦争とは、奴隷解放を訴えたエイブラハム・リンカン（現在の教科書では、リンカーンではなく、現地の読み方に近い表現で表すことが増えています）率いる北軍が南軍に勝利した戦争、そんなふうに覚えているのではないでしょうか。しかしリンカンも、実は黒人に対する差別意識を持っていたと言われています。

そもそもなぜ南部に奴隷がいたのか。アメリカに最初の黒人奴隷が到着したのは、1619年のことです。アメリカ南部では、ミシシッピ川沿いに綿花のプランテーションが栄えていました。綿花は手で摘み取るしかなかったため、大量の人手を必要としたのです。

南部はイギリスとの貿易で栄えていたので、そのまま「奴隷制を続けたい」という思いがありました。しかし北部はそれを認めない。

「それなら」と、南部の11州が独立しようとしたため、北部と戦争になったのです。国家の分裂を阻止するために、リンカンとしては何としても南軍を打ち破らなければならない。南部には奴隷が大勢います。そこで、奴隷解放宣言をすれば南軍の支配下にいる奴隷たちが決起して北軍の味方になってくれるだろうと考えました。**南部を弱体化させるため、戦術として南北戦争のさなかに「奴隷解放宣言」（1863年）を出す**のです。

狙い通り、南部の黒人奴隷20万人が北軍に合流して戦いました。これが北軍の決定的な勝因となりました。

■奴隷は法律上「品物」だった

1776年のアメリカの「独立宣言」に書かれている文章は有名です。

「われわれは、以下の事実を自明のことと信じる。すなわち、すべての人間は生まれながらにして平等であり、その創造主によって、生命、自由、および幸福の追求を含む不可侵の権利を与えられているということ」（アメリカンセンターJAPAN訳）

すべての人間は平等と書かれているのに、なぜ黒人が奴隷だったのか。実は、この**「すべての人間」に黒人奴隷は含まれていません**。奴隷は「人間」ではなかったからです。1787年に成立した憲法にはこう書かれています。

「各州の人口は、年期を定めて労務に服する者を含み、かつ納税義務のないインディアンを除いた自由人の総数に、自由人以外のすべての者の数の5分の3を加えたものとする」（同）

アメリカの憲法が制定された当時、インディアンと呼ばれたアメリカ先住民はアメリカの人口として計算されていなかったことがわかります。**注目すべきは「自由人」「自由人以外」という用語です。**「自由人」は白人で「自由人以外」とは、黒人奴隷のこと。つまり黒人奴隷は、白人の5分の3として計算すると明記されているのです。**奴隷制を前提にアメリカという国家が建国されたことを物語っています。**

連邦議会の下院議員数は、各州の人口に比例して決められるため、白人だけでは南部の人口が少なくなって議会への影響力が小さくなってしまう。それを恐れた南部の州が、黒人奴隷も「人口」に入れようと要求し、こんな表現になったのです。

当時の黒人奴隷は、単なるモノ。白人の所有物でした。

黒人同士が結婚して家族となりいっしょに暮らしていたとしても、それぞれが商品ですから、所有者が手放したいと思えばいつでも別のところへ売られていきました。

■奴隷制に一石を投じた『アンクル・トムの小屋』

ハリエット・ビーチャー・ストウ（ストウ夫人）が書いた『アンクル・トムの小屋』

を読めば、当時、黒人奴隷がどんなふうに扱われていたかよくわかります。

物語に出てくるトムは心優しい黒人で、熱心なキリスト教徒でした。奴隷として働いていた農場主の家の白人の少女と仲良くなり、文字を教えてもらったりして心を通わせるのですが、売られた先の農場主が悪辣《あくらつ》で暴行され死んでしまいます。

北部の人がこの本を読み、これまであまり知らなかった南西部での**奴隷たちの生活について真剣に考える糸口になったと言われています**。

リンカン大統領がストウさんに会ったとき、「大きな戦争を起こした小さな婦人」と呼んだという話はあまりに有名です。

南北戦争での北軍の勝利によって、国の分裂は避けられました。リンカンの「奴隷解放宣言」によって、黒人も解放されました。困ったのは、南部の白人農園主たちです。大規模農場で働かせる奴隷がいなくなってしまったからです。

そこで1863年に出された奴隷解放宣言を具体化するため、戦後1865年に連邦議会で成立した「憲法修正第13条」を悪用しました。

「第1項　奴隷制および本人の意に反する苦役は、適正な手続きを経て有罪とされた

当事者に対する刑罰の場合を除き、合衆国内またはその管轄に服するいかなる地においても、存在してはならない」（同）

奴隷制を廃止する条文ですが、農園主は「刑罰の場合を除き」という例外規定に注目しました。**奴隷から解放されたものの、黒人たちは次々に軽い罪で犯罪者に仕立て上げられ、囚人労働者として企業に貸し出された**のです。当時は、保安官や裁判所が服役中の囚人を貸し出す制度がありました。

黒人奴隷だった時代は、白人農園主にとっての「私有財産」でしたから、病気になったり死んだりしないようにそれなりの配慮をしました。しかし「囚人」となれば、そんな配慮はいりません。黒人たちは過酷な強制労働につかされ、死亡率も高くなりました。

■南部の黒人差別とともに現れたＫＫＫ

黒人の選挙権も剥奪《はくだつ》しました。とりわけ差別意識が根強くあった南部の州では、白人は黒人たちに参政権を与えたくないので、黒人が有権者にならないように、それぞれの州で公民権を妨害する州法をつくります。いわゆる**白人至上主義集団の「KKK（クー・クラックス・クラン）」などが組織されるのはこの頃**です。

アメリカでは**選挙で投票するために有権者登録が必要**となります。黒人の有権者登録を妨害するために、たとえば税金を納めた人だけが投票できる「投票税」を導入しました。ようやく奴隷から解放されたばかりの黒人たちは所得が少ない。とても税金など、納められません。

あるいは、有権者登録をするのにリテラシーテスト（読み書きテスト、または教養テスト）を課しました。

黒人奴隷は解放されても読み書きができない人がほとんどでした。ただし当時は白人も同様に識字率は低かったのです。そのため「この法律が適用される前に有権者であったものの子孫は引き続き投票することができる」という但し書きをつけました。この法律ができる前に投票権を持っていたのは白人だけ。つまり白人は読み書きができなくても投票ができるというやり方で、実質的に黒人を差別したのです。

リテラシーテストは簡単なものだと思うかもしれませんが、びっくりするほど難しい。

州の最高裁判所の裁判官15人の名前をすべてフルネームで書けとか、まるで嫌がらせのような問題です。結果的にアメリカ南部では、黒人のうちのほんの一握りしか投票権を認められませんでした。

■アメリカの〝負の歴史〟黒人差別の歴史

その後も長い間、黒人差別は形を変えて続きました。苦難の歴史の中で**1955年の「モンゴメリー・バス・ボイコット事件」は有名**です。

南部アラバマ州モンゴメリーで、黒人女性のローザ・パークスが白人乗客に席を譲るのを拒否した事件です。当時はバスの座席が前方は白人、後方が黒人と決められていました。白人席が満席なら、黒人は自分の席を譲らなければなりません。後から乗車した白人のために席を譲るように指示されたパークスは、これに従いませんでした。

話は脱線しますが、大統領が代わるとホワイトハウスの執務室の模様替えをします。大統領が執務室の壁にどんな人物の肖像画を掲げるかで、その人の思想がわかります。

トランプ前大統領は、第7代大統領のアンドリュー・ジャクソンの肖像を掲げ、イギリスのウィンストン・チャーチルの胸像を置いていました。この胸像をバイデン大統領は、ローザ・パークスと差し替えました。公民権運動の象徴の女性ですね。

彼女は普通の主婦でしたが、1人で市営バスの乗車をボイコットする計画を立てます。ボイコットには一般の黒人市民の協力が不可欠です。その呼びかけの指導者が「I have a dream」（私には夢がある）の演説で有名なキング（マーティン・ルーサー・キング・ジュニア）牧師でした。当時、キング牧師はモンゴメリーの教会に派遣されていたのです。

1960年代、公民権運動が高まる中、1963年にはキング牧師ら20万人以上が人種差別撤廃を要求し「ワシントン大行進」を行いました。

キング牧師の非暴力運動は勝利し、**1965年に黒人の参政権拡大を目的とした「投票権法」が制定**されるのです。

結果、1965年以降は〝表向き〟は登録を制限することはできなくなりました。しかし、黒人たちが政治に影響力を持たないようにさせる策略は続いてきました。

そのひとつが、期日前投票の期間を短縮するというもの。2012年、オバマ大統領が当選（2期目）したとき、民主党の運動員たちは黒人たちに期日前投票をするように呼びかけ、黒人の投票率が上がりました。黒人の多くは、投票日に仕事を休んで投票所へ行けないような仕事に就いているからです。

それ以降、共和党の知事の州では期日前投票の期間が短縮されています。たとえばオハイオ州では35日間から11日間に短縮されました。

バイデン政権になってからも共和党の知事のジョージア州では期日前投票用の投票箱の数を削減する法律が成立しました。自動車を持っていない黒人たちが投票しにくくするためです。郵便投票も規制を厳しくしました。黒人たちが郵便投票をしにくくするためです。

奴隷解放宣言から150年以上が経っても、差別は陰湿な形で続いているのです。そしてときどき間欠泉のように、ワーッと黒人の鬱憤《うっぷん》がわき出します。

アメリカの大リーグで歴代2位の通算755本塁打を放ったハンク・アーロンさんが、2021年1月22日（日本時間23日）に亡くなりました。86歳でした。ベーブ・ルースの本塁打記録714本に近付くと、脅迫の手紙が毎日のように届いたといいます。彼が黒人だからです。

訃報《ふほう》を受け、米ニューヨーク・タイムズがベーブ・ルースを抜く715号を打たれた黒人投手の言葉を載せました。

「あのとき、どういう国だったかを思い出してほしい。60年代の公民権運動の時代は過ぎたようでいて、まだ終わっていなかった」

■奴隷制を支持したのは民主党

さて、奴隷解放宣言を出したリンカンは共和党の大統領でした。奴隷解放といえば、なんとなく民主党かな？　と思ってしまいます。「人権を大事にする」ことを主張しているリベラルな党といえば、現在は民主党だからです。しかし**当時は民主党こそが南部の奴隷制を支持していたのです。**

いまのアメリカはいつつくられたのか。どこでどうねじれたのか。

まず変化が起きたのはジョン・F・ケネディのときです。彼は1960年に民主党の大統領候補として指名を受けます。彼の地盤は北部のマサチューセッツ州でしたから、南部の支持も得なければと、テキサス州の保守的なリンドン・ジョンソンを副大統領に指名して勝利します。しかし彼はもともとリベラルな思想の持ち主で人種差別には否定的でしたから、公民権運動の推進に傾きます。

1960年代の公民権運動を背景に1964年に公民権法、1965年には投票権法が成立。黒人が投票権を持つことに反対した南部の白人保守層は、こぞって共和党に鞍《くら》替《が》えしたのです。逆に黒人は民主党へ流れました。保守層を失った民主党は、劣勢を補うため移民を支持層に加えます。現在、移民が多い東海岸や西海岸には民主党支持者が多く、黒人では約8割が民主党支持といわれています。

■福音派を取り込んだレーガン

次の変化がロナルド・レーガン大統領のときです。現在ではアメリカの全人口の約4分の1を占めるといわれる**「福音派」を共和党に取り込む**のです。福音派とは、プロテスタントの中で聖書に書かれていることを一字一句本当にあったことだと信じる人たちの呼び名です。いわばキリスト教原理主義です。旧約聖書の中で神は人間たちに対して「産めよ、増えよ。地に群がり、地に増えよ」（聖書協会共同訳『聖書』の「ノアとの契約」より）と命じたと書かれています。産まなければならないのです。人工妊娠中絶などとんでもない、ということになります。神がアダムとイブという男女を創造したのですから、同性婚も許されることではないのです。

福音派は、以前は全体として共和党支持と民主党支持に分かれていたのですが、1980年以降は圧倒的に共和党支持になります。

民主党の大統領だったジミー・カーターは自身が福音派であるにもかかわらず、妊娠中絶を容認するような発言をしたため福音派から反感を買っていました。「カーターは裏切った」というわけです。

そこで、レーガンは福音派でもないのに、「彼らを共和党に取り込めば勝てる」と、福音派に対し「あなたたちの希望を聞きます」と公約してカーターを破りました。

彼は元俳優で演説も上手《うま》かったので「民主党員だけど大統領選挙だけはレーガンに投

票する」という、いわゆる「レーガン・デモクラット」（レーガンの民主党）も現れ、南部の白人労働者層も味方につけました。

福音派が多いアメリカ中西部と南部（バイブルベルトと呼ばれる地帯）が、**強固な共和党の支持基盤といういまのかたちに固定されたのは、レーガン以降です。**

■福音派がなぜ信仰心がそれほど篤くなさそうなトランプを支持？

昨今、アメリカで福音派の支持なしに大統領選挙に勝つことは難しいといわれます。トランプ前大統領も福音派から圧倒的な支持を集めました。聖書の教えを忠実に守る「アーミッシュ」もトランプを支持しました。アーミッシュとは現代文明を否定し、いまも自給自足の生活を送るドイツ系の敬虔《けいけん》なクリスチャン集団です。もちろん離婚は認められていません。

トランプといえば過去に2度の離婚歴があるし、女性スキャンダルまみれ……。とても敬虔なキリスト教徒から支持されそうなイメージはないのに、なぜいまなお支持され

福音派の動きを無視できないアメリカ

聖書の内容に
厳格に従う
キリスト教
原理主義
福音派
・人工中絶反対
・同性婚反対
HOLY BIBLE
民主党
人口中絶も
同性婚も容認
共和党
福音派
その他
福音派は
中西部と南部を中心に
アメリカの人口の
約1/4を占めるといわれる
聖書の教えに則した
公約を唱えて
福音派の支持を得た

ているのか。

ひとつは、副大統領候補だったマイク・ペンスが筋金入りの福音派だったことがあるでしょう。大統領選挙は「大統領と副大統領をセットで選ぶ」選挙です。たいてい副大統領には「自分の欠点を補ってくれる人物」を選びます。ペンスは、すべてにおいてトランプとは真逆のキャラクターです。

また、**アメリカの連邦最高裁判所の判事に保守派を選ぶと公約したことが大きい**と考えられます。福音派が絶対に譲れないと考えているのが**「人工妊娠中絶」と「同性婚」の問題です**。最高裁は人工妊娠中絶と同性婚を容認する判決を下してきました。福音派としては、司法の場でこれらの問題が容認されることは何が何でも阻止したい。彼らは**最高裁の一層の保守化を望んでいました**。

最高裁の判決は9人の判事の多数決によって決定されます。

2020年、アメリカ史上2人目の女性最高裁判事だったルース・ベイダー・ギンズバーグ判事が87歳で亡くなりました。就任後は、最高裁におけるリベラル派として存在感を発揮してきました。その彼女の後任にトランプは、公約通りに保守派のエイミー・

コーニー・バレット判事（48歳）を指名しました。もちろん彼女は人工中絶に反対の立場です。

連邦最高裁の構成は、それまでリベラル派4人、保守派5人でしたが、もともと保守派の判事ひとりが、時にリベラル寄りの判断を示すことがあるため、リベラル4人、保守派4人、中間派1人の構図になっていました。ギンズバーグ判事の後任に保守派を入れた結果、現在はリベラル派3人、保守派5人、中間派1人の布陣となりました。

福音派は、トランプの行動を熱く支持したのです。さらに残りのリベラル派の判事の中にも高齢の人がいるので、トランプが再選されれば、次の4年間でさらに保守派の判事を送り込むことが可能になるかもしれない。かくしてトランプ再選を熱望した人たちがいたのです。

■キューバからの移民はなぜトランプ支持なのか

この50年間で、アメリカ2大政党の支持基盤に大きな変化が起こりました。まず、公民権運動によって、南部の白人が民主党から共和党に「大移動」し、また福音派のキリスト教徒も80年代のレーガン政権以来、圧倒的に共和党支持になりました。

一方、民主党支持は都市部で暮らす白人、アジア系、ラティーノ（ラテン系の、という意味。以前はスペイン語を話す人という意味のヒスパニックと呼ばれていた）、黒人、性的少数派の混合体となっています。

ただ近年、アメリカで急増している中南米からの移住者ラティーノの中でも、メキシコ系移民は民主党支持、キューバ系移民は共和党支持と割れています。これは**アメリカと対立してきたキューバの歴史が関係**しています。

キューバは、もともとスペインの植民地で1902年、スペインから独立しました。このときアメリカはスペインと戦争をしてキューバの独立を助けます（米西戦争）。キューバはその後、独立国とはいってもアメリカの植民地のような状態になりました。

その結果、親米のフルヘンシオ・バティスタ政権が樹立されます。キューバはサトウキビ栽培が盛んです。親米政権だとアメリカ企業がキューバに進出しやすく、好都合でした。

バティスタはアメリカの庇護《ひご》を受けながら国民を弾圧し、独裁政権を維持しました。

この独裁政権を倒そうとしたのが、若き弁護士フィデル・カストロです。キューバ軍の兵舎を襲撃し、失敗していったんは逮捕・有罪になりますが、恩赦で出獄すると、メキシコに亡命します。ここでチェ・ゲバラと運命的な出会いをしてキューバに戻り、**キューバ革命を成功させる**のです。

革命を成功させたカストロはアメリカの製糖会社の工場を国有化します。怒ったアメリカは砂糖の輸入を禁止。キューバは砂糖をアメリカに輸出して外貨を稼いでいましたから、貿易相手を失うと困窮してしまいます。そこへ近づいてきたのがソ連でした。キューバはソ連頼みになります。それを見たアメリカはキューバとの国交を断絶しました。以後、キューバはソ連頼みとなったのです。その後、1991年にソ連が崩壊。砂糖をソ連に輸出して石油を安く供給してもらうことで経済が成り立っていたので、**キューバは一気に経済危機に陥ってしまう**のです。

キューバの目と鼻の先にはアメリカの豊かなフロリダがある。大勢が難民となってフロリダへ逃げ出します。結果、フロリダには「もうキューバのような社会主義はこりごり」という難民、移民が大勢住んでいるのです。

トランプは「バイデンは社会主義者だ」とレッテル貼りをし、キューバからの難民票を取り込み、フロリダ州では勝利することに成功しました。メキシコからの移民は民主党支持者が多いのですが、キューバからの移民は共和党支持者が多いのはそのためです。

■共和党がトランプ党に変容

共和党はこの4年間ですっかり「トランプ党」に変容しました。トランプ大統領は型破りなキャラクターで、各分野の専門家やインテリを馬鹿にし、知的なリベラル・エスタブリッシュメントを否定してきました。反エスタブリッシュメントのうねり（いわゆる「反知性主義」）は以前からアメリカにはありましたが、インテリ嫌いは政治に無関心で選挙に行きませんでした。

「共和党も民主党も自分たちの声に耳を傾けてくれない。どうせ、どっちもエスタブリッシュメントだろ」と。

今回のアメリカ大統領選挙の投票率は66％と過去１００年間で最高でしたが、最高でも、この程度。たいていの投票率は約50％。およそ半分の人は投票に行っていなかったのですね。

ところが、トランプという人物はどうも従来の大統領候補のカテゴリーにはない型破りな人物です。とんでもない暴言を吐いたりして、エスタブリッシュメントに挑んできました。

「こいつを大統領にしたらおもしろいじゃないか」と、既存のエリート政治家に嫌気がさしていた無党派層の人たちが大挙して大統領選でトランプ支持になったのです。トランプがどんなトンデモ発言をしようが、絶対に崩れない岩盤支持層をつくりました。

従来、共和党は「小さな政府」を目指す党ですから財政規律には厳しいのですが、トランプは新型コロナウイルス対策にも、大量の財政出動（国債増発）をしました。

従来の共和党なら党内から反発も出たでしょうが、党内に反対する人はいませんでした。**２０１８年の中間選挙で、完全に共和党がトランプ党になってしまったから**です。

アメリカというのは選挙のとき、上院、下院いずれもそれぞれ現職がいても予備選挙を実施します。日本だとそれぞれの選挙区に現職がいる場合は現職優先ですが、アメリカの場合は必ずそれぞれの選挙区の候補者を選ぶ予備選挙を実施するのです。

2018年、当時のトランプ大統領のやり方に眉《まゆ》をひそめていた伝統的な共和党の現職議員たちは、次々にトランプに嫌気がさして引退してしまいました。あるいはそれでも選挙に出た人たちは、予備選挙で熱烈なトランプ支持者が対立候補となって、負けてしまいました。結果的に**アメリカの議会の上院も下院も共和党はトランプチルドレンと言われる議員ばかりになってしまった**のです。

■共和党内に反トランプの動きも

ところが今回、トランプ支持者が議事堂に乱入する事件を起こし、さすがに「このままトランプについて行ったら大変だ」と、危機感を持つ議員たちも出てきました。

この事件をめぐってはトランプの責任を問う弾劾裁判が行われましたが、結果は「無罪」でした。共和党から有罪の判断をしたのは上院の共和党員50人中7人でした。43人はトランプを支持したのです。

弾劾裁判とは大統領を辞めさせる裁判です。大統領というのは国民から直接選ばれていますから辞めさせるのは容易なことではありません。アメリカは議会と大統領とがそれぞれ国民から選ばれています。大統領がおかしなことをしたら、議会が辞めさせようという仕組みです。

そのときに単純に過半数で辞めさせるのはさすがに問題がある。もう少しハードルを上げようというので、まずは下院の過半数の賛成があれば弾劾裁判を始めることができます。下院が検察のような役割で大統領を起訴するかどうかを決めるのです。そして起訴されたら、今度は上院に舞台が移ります。上院議員の3分の2の賛成があれば大統領の弾劾が決定します。そうなると大統領は辞めざるを得ないことになっています。

下院ではトランプを弾劾しようと共和党の10人が造反して民主党と一緒にトランプ弾劾に票を投じました。そして裁判が始まり、上院では7人が造反したのです。

アメリカの上院議員は全部で100人。現在、民主党も共和党も50人ずつです。3分の2の賛成で弾劾が決まるということは、民主党は50人全員が有罪に票を投じますから、共和党で17人以上が賛成すれば弾劾が決まる計算でした。しかし次の選挙での自分の落選のリスクを冒してもトランプを有罪としたのは7人のみでした。しかもその7人の中の2人は次の選挙に出ない、つまり引退予定者です。

実は大統領弾劾が成立すると、その次のステップへ進めます。アメリカの憲法修正第14条には弾劾裁判で罷免されたりした人は以降、公職に就けないという項目があります。つまり**4年後の2024年にトランプを立候補させないために、今回はまずは弾劾裁判をして、弾劾が決まった後に公職に就けないようにしようというのが狙いだった**のです。こちらは上院・下院でそれぞれ過半数が賛成すれば可決可能です。

共和党にトランプの影響力が残るか残らないかはこの弾劾裁判のゆくえにかかっていたのですが、**有罪を回避したことでトランプの影響は残ります。**

■トランプ、2024年に再出馬？

野党となった共和党ですが、トランプ前大統領は自分に批判的な共和党議員に対しては対立候補を支援すると公言しています。**それぞれの選挙区には熱烈なトランプ支持者たちがいまだにいます。**トランプのやり方は横暴だ、おかしいと思って批判をすると、それぞれの選挙区で脅迫されるのです。

共和党議員の中には、4年後の大統領選挙に自分が出たいと思っている人もいます。ところがトランプが4年後に出るということになれば、トランプを引きずりおろすわけにはいかない。トランプをまた支持せざるを得ないのです。対抗馬になるという勇気ある人も出てくるかもしれませんが、その場合、トランプには共和党以外から立候補するという選択肢があります。**仮にトランプが共和党以外から出馬すれば、共和党支持者は分裂するでしょう。そうなっては民主党に勝てる見込みはなくなってしまいます。**

過去にもそんなことがありました。1992年の大統領選挙では、独立系候補としてテキサスの大富豪ロス・ペローが立候補しました。大統領選挙人は1人も獲得できませんでしたが、共和党支持者の票を奪ったため、ジョージ・H・W・ブッシュ大統領（パパブッシュ）が民主党のビル・クリントン候補に敗れてしまいました。

トランプはこれを切り札として持っているので、強気でいられるのです。

トランプの動向が注目されていたところ、２０２１年１月25日、フロリダ州パームビーチに事務所を開設したと発表しました。事務所の開設と合わせて政治団体「Save America」（アメリカを救え）を結成しています。やる気満々のようです。

■トランプの危機その１「脱税疑惑」

政治的には順風満帆でも、経済的な話になるとトランプはいま非常に厳しい状況にあります。

まず過去15年間のうち10年間は連邦所得税が納められていなかったと米ニューヨーク・タイムズが報じました。大特ダネです。

トランプはニューヨークに住んでいたのでニューヨーク州への税金は払っているのですが、連邦税、つまり国税についてはほとんど払っていないというのです。

２０１６年と17年は、７５０ドル（約７万９０００円）を納めていますが、「多くの熱烈なトランプ支持者より少ない」というコメントつきの記事でした。

歴代の大統領候補は、自分が脱税など不当なことをしていない証拠として納税申告書を公表します。しかしトランプは公表しませんでした。なぜ公表しようとしてこなかったのか。記事を読むと理由がわかります。

トランプがあの手この手を使って税逃れをしてきたというのです。

どんな手口かというと、収入からあらゆる経費を差し引いて「所得」を少なく見せる手口です。所得税とは所得にかかる税金ですから、必要経費を過大に見積もれば所得を少なく見せることができ、払う税金も少なく済みます。

トランプは、2004年からテレビ番組『アプレンティス』に出演するようになり、巨額の収入を得るようになったのですが、当時のヘアカット代として7万ドル（約740万円）以上を経費にしていました。「あの髪型」にするには、そんなに費用がかかるのでしょうか。

さらに2010年から2018年までは経費として「コンサルティング料」が控除されています。しかも、記事によれば、計2600万ドル（約27億3000万円）です。このコンサルティング料の一部は、娘のイヴァンカに支払われていました。

アメリカの内国歳入庁、日本でいえば国税庁にあたるところの監査が入っていて、日本円にしてざっと100億円の追徴課税を納めなさいと、要求されていたときにトランプが大統領選挙で勝利したのです。さすがに大統領に税金を払えとは言えなかったのでしょうが、**大統領権限を失いただの人になると堂々と払えと言えます**。払わなければ脱税の罪に問えます。事実、ニューヨーク州の連邦地検検事が捜査を続けています。

■トランプの危機その2「破産」

そしてもうひとつ。トランプ大統領一族の中核企業に「トランプ・オーガニゼーション」があります。大統領の間は息子たちに経営を譲り、トランプ本人は経営から一歩離れた状態になっているのですが、この**トランプ・オーガニゼーションというのが大変な借金を抱えている**というのです。

とりわけドイツ銀行が日本円で320億円くらい融資しているのですが、ドイツ銀行は議事堂乱入事件を受け、トランプとの取引を終わらせる方針だと米ニューヨーク・タイムズ紙が報じました。

すでにトランプ・オーガニゼーションに融資を担当した責任者はドイツ銀行を辞めています。辞めさせられたのか自ら辞めたのかは定かではありませんが、前任者がいなくなった。ということは、ドイツ銀行としてはトランプ・オーガニゼーションに対して何の義理もなく堂々と返せといえます。**トランプはまさに破産危機に直面しているのです。**

破産したからといって選挙に出られなくなるわけではありませんが、**影響力は低下するでしょう。**

■トランプの危機その3「政治資金規正法違反」

これで話は終わりません。**「政治資金規正法違反」の疑い**もかけられています。日本にも政治資金規正法がありますが、アメリカにもあるのです。

トランプは2016年の大統領選挙のとき、多額の選挙資金を集めました。当時、彼がポルノ女優と関係を持ったという疑惑が持ち上がります。彼は、その女優に口止め料として日本円で約1400万円を支払っています。これは、どこから出たお金なのか。ポケットマネーを使ったら問題ないのですが、集めた選挙資金が使われたという証言があります。これは政治資金の流用で明らかに違法です。トランプはその女性との関係については否定していますが、口止め料を払ったことは認めているのです。

アメリカ司法省は1973年、「現職の大統領は訴追しない」方針を決めています。つまり現職の大統領は罪に問われないのです。しかし任期を終えてただの人になれば堂々と訴追できます。となると今後、ニューヨーク連邦地検によって逮捕される可能性もあります。もし逮捕され、有罪判決が下って刑務所に入ることになれば、2024年大統領選挙への立候補は難しくなります。

■2024年のアメリカ大統領選挙が面白い

バイデン大統領のこれからの仕事はアメリカをひとつにすることです。就任式の演説でも、ひたすら**「結束」（ユニティ）という言葉を使っていました。**分断の傷を少しでもいやそうとしているのですが、これが難しい。トランプ支持者とも向き合いながら、国をひとつにまとめていけるのか。

もうひとつ、これまで民主党は「打倒トランプ」で団結していましたが、**トランプ打倒を果たした後は、民主党内で内紛が起きるかもしれません**。

アメリカの民主党で、バイデンは穏健な中道派です。民主党には、若者に人気のバーニー・サンダースやエリザベス・ウォーレン、オカシオ・コルテスのような左派もいます。彼らの主張は、国が運営する国民皆保険を導入しよう、公立大学の学費を無料にしよう、学費ローンの金利を無料にしようというものです。国民皆保険などは日本では実現しているのですから、日本から見るとそれほど極端なことを言っているとは思われないのですが、アメリカでは「極左」と言われてしまうのです。

とりあえず民主党で極左といわれるバーニー・サンダースやオカシオ・コルテス、エリザベス・ウォーレンなどはトランプを倒すためにバイデンに協力してきました。しかしそれが実現したのだから、「左派の主張を認めろ」と言い始め、内部でいろいろな紛争が起きる可能性も否定できません。

議会上院は民主党50人、共和党50人です。共和党の協力を得なければいろいろなことが進みません。共和党と妥協をしようとすると、民主党内部から「裏切り者」と突き上げられる可能性がある。**残念ながらバイデンは〝史上最弱〟のアメリカ大統領になりかねません。**

そうなると、4年後の2024年のアメリカ大統領選では、現在、副大統領のカマラ・ハリスが民主党の指名争いを勝ち抜く可能性がでてきます。共和党は、元国連大使であるニッキー・ヘイリーが出馬するだろうと言われています。ニッキー・ヘイリーはインドからの移民の娘。

個人的には、**インド系移民の親を持つ女性候補補の一騎打ち**を見てみたいですね。2024年にはついにアメリカ史上初の女性大統領が誕生するかもしれません。

第2章

結局、ＥＵも自国ファーストか

■ブレグジットとは何だったのか

イギリスが国民投票でブレグジット（イギリスのEU離脱）を選択したのは、2016年6月のことでした。その後、具体的な離脱案をめぐってもめにもめ、ようやく離脱が完了したのは2020年12月31日のことでした。年内に決着せず「合意なき離脱」になるかとの見方もありましたが、交渉期限があと1週間に迫った12月24日のクリスマスイブに急転直下、自由貿易協定（FTA）の締結などで合意に達しました。まさにギリギリです。離脱後のイギリスはどうなっているのか。

合意の主なポイントとして、**貿易に関しては2021年1月以降も全品目で「関税ゼロ」が維持**されることになりました。**ただし通関手続きは必要**となり、これまでのように物資がノンストップで国境を行き来することはできません。

結果、イギリスとフランスとの間では貨物トラックの積み荷の書類検査に時間がかかるため、年明けのドーバー海峡周辺は食料などを載せたトラックが長蛇の列をつくりました。とくに今回、新型コロナウイルスの変異株が見つかり、物流の滞りと値上げという影響は避けられませんでした。鮮度が大事な魚の輸出には大きな影響が出ました。

イギリスは土地が肥沃《ひよく》でないために野菜の栽培に適していません。ＥＵに加盟していることで自分の国ではとれない生鮮野菜や果物なども豊富に入ってきていました。**大陸からの輸入で成り立っている**のです。

ただし、魚は豊富に獲《と》れます。最後までもめていたイギリス海域での漁業権については、（２０２１年の）年明けから5年半の間「移行期間」が設けられることになりました。この間、ＥＵ側の漁船はこれまで通りイギリス海域で操業できますが、ＥＵが漁獲枠の25％をイギリスに返します。移行期間が終了したあとは、毎年協議を行うとしています。

■実は途中加入のイギリス

イギリスが**ＥＵを離脱したかった最大の理由は「移民」**でしょう。

そもそも**ＥＵはヨーロッパから戦争をなくそうという理想から始まりました。**第2次世界大戦が終わり、廃墟《はいきょ》と化したヨーロッパ。国境がなければ領土争いだってなくなるはずです。

その理想に向かって、少しずつ手順を踏んで進めて行きました。最初は「石炭・鉄鋼を共同管理しよう」というところからスタートです。

西ドイツ（当時）とフランスの国境あたりのアルザス・ロレーヌ地方は石炭や鉄鉱石の産地です。戦後、ドイツは東西に分割されましたが、西ドイツが石炭で復興しようとすると、フランスが反発します。ドイツが再び鉄を使って武器をつくるのではないか。そんなフランスの警戒心を解くために、共同管理してドイツが武器をつくったりしないように監視しようとできたのが欧州石炭鉄鋼共同体でした。ここに参加したのは西ドイツ、フランス、ベルギー、オランダ、ルクセンブルク、イタリアの計6カ国。この6カ国が、その後の欧州統合の基盤となったので、「ベーシック6（シックス）」と呼ばれます。

その後、原子力を共同研究する欧州原子力共同体（EURATOM）と欧州経済共同体（EEC）を結成。これらの組織を包含する形で欧州共同体（EC）が発足しました。

イギリスは最初のベーシック6には入っていません。加わったのは1973年。ECの段階からの加入です。最初から入っていたと思われがちですが、そうではないのです。

■離脱したいワケその1「移民」

イギリスの加盟を契機にEC加盟国は拡大、その後、大きな転機となったのがベルリンの壁崩壊（1989年11月9日）です。ドイツ統一（1990年）、ソ連崩壊（1991年）を経て、現在のEU（欧州連合）が発足したのは1993年のことでした。

EUの中では人の移動は自由です。日本国内でも東京から埼玉へは自由に行ける、国境検査だってない、加盟国はお互いそういう感覚です。

冷戦が終わると旧共産圏の東ヨーロッパの国がこぞってEUに加盟してきました。移動が自由ですから「豊かな国に引っ越して働きたい」と、それらの国の人々が西ヨーロッパへ出稼ぎに行くようになりました。**とりわけイギリスへの移民が多かったのがポーランド人です。**

ポーランドは第2次世界大戦中、ドイツとソ連によって分割占領され、「国がなくなる」という悲劇に見舞われました。そのとき、亡命政権がイギリスにでき、ポーランド人のコミュニティがあったのです。

物価が安いポーランドからの移民たちは安い給料でも喜んで働きますから、イギリスの労働者からしてみると自分の仕事が奪われる、あるいは給料が減らされる。一方で移民たちはイギリスの行政サービスを受けられる。**次第に移民に対する反感が募っていきました。**

■離脱したいワケその2「漁業権」

漁民たちも不満を持っていました。イギリス海域では豊富な魚が獲れます。イギリスがEUに入っていると領海はまとめて同じ。オランダやフランスからの漁民がイギリス海域で操業できるため、**良い漁場が他の国によって取られるという不満**があったのです。

EUから離脱したらイギリスの漁場を取り戻せる。EUのルールに縛られたくない、自分たちのことは自分たちで決めたいという不満もありました。

２０１６年、当時のデーヴィッド・キャメロン首相は、離脱の是非を問う国民投票を実施します。キャメロン首相にしてみたら、離脱に賛成する人は少数だろうと思っていたのです。一度、白黒はっきりさせておけば、もう「離脱したい」と言わなくなるだろうと。

移民が入ってくることに反発する労働者や漁民は投票に行きました。しかし、若い人たちは「どうせ賛成が多数になるわけがない」と高をくくって投票に行きませんでした。その結果、**僅差《きんさ》で離脱賛成票が上回り、２０１６年６月24日、離脱が決定**しました。

離脱が決まって驚いたのは、投票に行かなかった若者たちです。離脱が決まってしまうなら投票に行けばよかったと大勢が後悔し、「国民投票をやり直せ」というデモまで起きましたが、後の祭りでした。

首相もびっくりで、キャメロン首相は責任をとって辞め、テリーザ・メイが後継首相となって火中の栗を拾うことになりました。

議会は離脱反対派が多かったのですが、国民投票で決まったことを覆すわけにはいきません。国民投票は、一見民主的に思えますが、思わぬ暴走をすることもあるのだという教訓になってしまいました。

結局、いまのボリス・ジョンソン首相になり、離脱を確定したというわけです。

■ブレグジットでイギリスが日本に急接近？

実はイギリスでは、介護や福祉など、3Kといわれる仕事に多くの移民が従事しています。ジョンソン首相自身はブレグジット賛成派だったのですが、本人が新型コロナウイルスにかかって入院したら変わりました。

「移民の看護師さんに助けられた。非常に感謝している」と名前を挙げて感謝の言葉を発表。イギリスは移民によって支えられていると自覚するようになったのです。

ところが、2021年5月に、名前を挙げられたニュージーランドからの移民の看護師が病院を辞めてしまいました。コロナ禍での苦労が評価されていないと反発したのです。ジョンソン首相には打撃でした。

その一方で、スコットランド自治政府のニコラ・スタージョン首相は、イギリスからのスコットランド独立の是非を問う住民投票を2021年中に再度実施することを目指しています。スコットランドは2014年に独立の是非を問う住民投票を実施したのですが、このときは独立反対派の票が多く、独立にはなりませんでした。しかし今回スコットランドが独立に動けば、北アイルランドも連合王国から独立したいという連鎖が始まるでしょう。そうすると連合王国の崩壊ということになりかねません。

人の移動が自由にできなくなり、東ヨーロッパからの移民労働者が入れなくなると、労働力不足に陥る可能性もあります。

金融の中心だったシティも急速に寂れ始めています。金融に関しては、これまではイギリスで銀行免許を取得していればヨーロッパのどこでも銀行業務ができました。しかしイギリスの免許ではEU内で通用しなくなったため、日本の金融機関もドイツのフランクフルトなどに活動拠点を移しています。同じ英語圏のアイルランドに拠点を移した金融機関もあります。

EU離脱をきっかけに、イギリス経済が衰退していってしまう可能性があります。そうなるとまた「EUに戻りたい」という声が大きくなるかも知れません。

ジョンソン政権はEU以外の世界各国との連携で経済成長や影響力拡大を図る「グローバル・ブリテン」構想を打ち出し、日本など11カ国が参加するTPP（環太平洋経済連携協定）への加入を正式申請しました。環太平洋の国ではないのですが。

また、イギリスは第5世代（5G）通信網では、中国のファーウェイ（華為技術）を排除し、日本のNECと組むことを決定したり、最新鋭の空母「クイーン・エリザベス」を日本近海に派遣したりするなど、日本と急接近しています。香港《ホンコン》問題で中国を牽《けん》制《せい》するのが狙いとみられます。

■またも風刺画で。パリ教師殺害事件

フランスは、再びイスラム教と表現の自由をめぐる問題で揺れました。

2020年10月、パリ近郊で、中学校の男性教師が首を切断され殺害される事件が起き、犯人はチェチェン共和国出身のイスラム教徒であることがわかりました。

殺害された男性教師は約1週間前に、「言論の自由を教えるための教材」として週刊紙「シャルリ・エブド」襲撃事件のきっかけとなったイスラム教の預言者ムハンマドの風刺画を授業で生徒たちに見せていたのです。

風刺週刊紙「シャルリ・エブド」の編集部などが襲撃され17人が死亡したのは2015年。犯人はやはりイスラムの過激思想を持つテロリストでした。その後パリでは、市内のレストランや劇場などで同時多発テロが起き、130人が犠牲になっています。

偶像崇拝を禁じるイスラム教では、ムハンマドを描くことは認められていません。ただでさえ描くことが禁じられているのに、それを風刺画にしたのですから、イスラム世界から反発を受けていました。

5年経って、また同じような事件が起きてしまいました。

ただ、今回の事件の場合、きっかけは生徒のウソでした。風刺画を見せた教師は、事前に「見たくない者は見なくてもいい」と言って、見たい生徒だけを対象に見せていたのです。このとき授業を欠席した生徒が、授業を休んだことが親に知られると困ると思い、授業の内容を伝え聞いて、イスラム教徒の親に「教師が風刺画を見せた」と虚偽の説明を行い、驚いた親がSNSで拡散。それを見た男が教師を殺害したのです。

この事件を受けて、フランスのエマニュエル・マクロン大統領は「フランスには冒瀆《ぼうとく》する自由がある」と言い切りました。「表現の自由がなにより大切で、そのためなら神を冒瀆することになっても構わない」という姿勢を見せたのです。

しかし、フランスにはユダヤ教徒もいるし、イスラム教徒もキリスト教徒もいます。風刺を許容する社会であってほしいと思う一方で、イスラム教徒の人たちの気持ちを傷つけるのはどうなのか。

フランス語で「ライシテ」という言葉があります。1789年のフランス革命をきっかけに生まれた**教会と国家の分離の原則、「政教分離」のこと**です。

さらにフランス国民にとって「表現の自由」は、フランス革命開始直後に議会が採択した人権宣言で保障された最も基本的な権利です。絶対王政やカトリック教会の強大な権力との戦いの末に勝ち取ったこの権利は、大切にしなければならないという国民の長年の合意があります。

ライシテの原則から、公の場に宗教は持ち込んではいけないことになっています。公の場所では宗教的しるしを禁止しているのです。したがって、公立学校ではイスラム教徒の女性が髪をスカーフで隠すことは認められていません。キリスト教徒の場合も、アクセサリーとしての小さな十字架のネックレスなら許容されますが、ロザリオ（お祈りに使う十字架）を学校に持ち込んではいけないのです。もちろん私立の学校なら、その学校の方針次第ですが、公立ではダメなのです。

イスラム教徒が大切に思っているムハンマドを「シャルリ・エブド」が風刺画にしたことについては、表現の自由は大切だが、イスラム教徒の人権はどうなるのだ、という声も上がりました。

今回の教師の場合は、イスラム教徒の生徒への配慮もした上での授業だったのですが、生徒の自己保身が悲劇を呼んでしまいました。

■「プーチン宮殿」でデモ拡大

こちらも穏やかではありません。2021年に入ってウラジーミル・プーチン政権に対するデモがロシア全土各地で同時多発的に盛り上がりました。

デモが広がるきっかけとなったのは、ユーチューブ上に投稿された1本の動画です。見た人も多いのではないでしょうか。通称「プーチン宮殿」です。ロシア南部の黒海沿岸にあり、建設費は推定で約1400億円だそうです。円形劇場に教会、スケートリンクも完備、宮殿で使用されるトイレブラシが1本9万円ということまで暴露されました。

プーチン大統領は「宮殿は私のものではない」と否定していますが、もちろん〝名義上〟はプーチンのものではないのでしょう。

こんな動画が公開されたら、欧米ならマスコミ各社が真相究明に動き出し、大きく報道されるでしょうが、いまのロシアの大手メディアは、ロシア政府やプーチン大統領に不利になることは報道しません（できません）。ネット上の動画でしか知ることができないのです。

この動画を公開したのは、かねてプーチン政権の腐敗を告発してきたロシアの反体制派指導者アレクセイ・ナワリヌイが主宰する団体「汚職との戦い基金」です。

ナワリヌイは２０２０年8月、シベリアからモスクワに向かう旅客機の中で何者かに毒殺されかけました。プーチン政権は事件への関与を否定していますが、イギリスの調査報道グループ「ベリングキャット」は、ロシア政府の治安機関のひとつＦＳＢ（連邦保安局）の工作員が関与していたと発表しました。実行犯の名前も突き止めています。発表によると、工作員は、あらかじめナワリヌイが宿泊していたホテルの部屋に忍び込み、ナワリヌイが穿《は》く予定のパンツの内側に毒薬を塗り込んでおいたというのです。ナワリヌイは知らずにパンツを着用。皮膚から毒薬を吸収してしまったというのです。

プーチン政権はナワリヌイを本当に殺すつもりだったのです。しかしナワリヌイが機内でうめき声をあげたため、旅客機はシベリアの都市オムスクに緊急着陸。病院に収容され、その後、ドイツに搬送されて治療を受け、一命をとりとめました。ドイツの病院で、毒物のノビチョクが検出されました。

オムスクで緊急着陸して救急搬送された病院で最初に治療に当たった医師は、「毒を盛られた可能性がある」と診断しましたが、その後、判断を変え、低血糖によるとみられる代謝性疾患だと診断していました。なぜ途中で判断を変えたのかは不明ですが、この病院で治療に当たった医師が2021年2月に急死しました。55歳でした。死因は明らかにされていません。さらに翌月にも同じ病院の別の医師が急死しました。なんとも不可解な出来事が相次いでいるのです。

■「ベリングキャット」とは何者?

今回の事件の真相を暴いたベリングキャットはこれまで数多くの事件を独自に取材してきたことで知られます。名前は「猫に鈴をつける」という意味で、イソップ物語からきています。イソップ物語は、猫に脅えるネズミたちが猫対策を話し合い、「猫に鈴をつければ、猫の接近を事前に知ることができ、逃げられる」ということで衆議一決したのですが、誰が鈴をつけるかということになったら、誰も名乗り出なかったというものです。だったら犯罪者に我々が鈴をつける、という意味なのです。

この組織を率いているのはイギリス人のエリオット・ヒギンス。私はテレビ番組で彼にリモート取材しました。

もともとはジャーナリスト志望だったそうですが、途中でドロップアウトし、ゲーマーとして自宅の一室でパソコンゲームに熱中していたそうです。

ところが転機になったのが2011年のアラブの春。現地からの映像に夢中になり、パソコンを駆使して現地の様子を調べるようになりました。

彼の名が有名になったきっかけは、2014年にウクライナ上空で起きたマレーシア航空機撃墜事件です。ロシア製のミサイルが使われたことはすぐに判明したのですが、ウクライナは、かつてソ連の一部でしたから、同じタイプのミサイルを保有していました。ミサイルを発射したのはウクライナか、ロシアか、当初ははっきりしなかったのです。

事件後、ロシアは「ウクライナ政府軍のミサイルによって撃墜された」と主張しましたが、ヒギンスはロシアの基地を出発した車両が、ウクライナ領内に入ってマレーシア航空機を撃墜したことをつきとめました。

彼は、事件前後の周辺でのＳＮＳの投稿を徹底的に調べました。ロシアの基地を出発したミサイル搭載車両が公道を走っていれば、沿道の人たちがスマホで撮影してＳＮＳに上げます。ＳＮＳの写真には、撮影場所の緯度と経度の情報が含まれています。これで移動ルートがわかります。

さらに写真には立木の影が映っています。この影の大きさを測れば、太陽がどの位置にあったかはわかりますから、撮影時間が推測できます。

こうした情報を積み重ねることにより、ロシアの基地を出発したミサイルが、ウクライナ東部のロシア系武装勢力の支配地域に運ばれていたことをつきとめたのです。

彼の調査は、推理小説のジャンルでいうところの「アームチェア・ディテクティブ」（安楽椅子探偵）という手法です。部屋から一歩も出ないまま、ネットで集めた情報で犯人をつきとめる。ＳＮＳでの情報を集めることで、現代ではこうした捜査手法が可能になったのですね。いまでは世界中にヒギンスを手伝うスタッフがいるそうです。

それにしてもロシアの闇を暴いて、今度は自分の身が狙われるようなことにならないか心配になります。そのことについて尋ねると「狙われていると警告してくれる人もいます。十分な注意を払っています」とのことでした。

■現代版「レーニンの封印列車」

ナワリヌイが最初に入院したのはロシア国内の病院でした。しかし支持者たちが「ロシア国内にいると危険だ」とドイツの病院に転院させました。当初はロシア側が拒否していたのですが、その後、ドイツへの転院を認めました。時間稼ぎをして毒物の痕跡を消してから引き渡したのではないかと見られていますが、ドイツの医療水準を見くびっていたのでしょうか、ドイツの病院はすぐにノビチョクの痕跡を発見しました。

一時は意識不明の重体に陥っていたナワリヌイは、退院後、再びロシアに戻っていきました。

このニュースを知って、私は「レーニンの封印列車」と重ね合わせました。

第１次世界大戦時、ドイツはロシアとも戦争をしていました。このとき、ウラジーミル・レーニンは帝政ロシア時代に革命をしようとして迫害され、スイスに亡命していました。

二月革命が勃発《ぼっぱつ》した知らせを1917年4月に受けると、レーニンはただちにロシアに戻ることを決断します。しかし戦争中、ロシア人がドイツ国内を通行することはできません。そこでレーニンは極秘裏にドイツ当局と交渉しました。

ドイツはレーニンという革命の中心人物をロシアに帰国させれば、敵国ロシアの政局を混乱させることができると考え、レーニンをロシアに送り込むことにします。

帰国の条件が「封印列車」。移動にはドイツ国内を通るので、レーニンを一切ドイツ人と接触できない封印列車でロシアへ送ったのです。途中駅には止まらない秘密の貸切列車でした。

ロシアに戻ったレーニンは、一時はうまくいかずフィンランドへ逃げたりもしたのですが、なんとかロシア革命を成功させるのです。

レーニンはすぐにロシアとドイツの戦争を休戦にします。ドイツの思惑通りの結果になったのです。

なんとしても
反体制派を抑え込みたい
プーチン大統領
2021年9月に行われる
議会総選挙で
反プーチン勢力に
議席を奪われたくない
2024年に
大統領に再選されれば
さらに12年(83歳まで)
ロシアに君臨できる
ロシア
反体制派指導者
ナワリヌイ
レーニン
ロシアの工作員に
毒殺されかけたが
ドイツで治療後
ロシアに戻った
ロシアに戻る方が
プーチンに打撃を
あたえられる
第1次世界大戦時
スイスから
「封印列車」で
ロシアに戻り
ロシア革命を
成功させた
ドイツ
スイス

余談ですが、これでドイツは東部戦線に兵士を置かなくてよくなり、西部戦線に回すことで戦争に勝利できると思ったのですが、兵士たちがスペイン風邪に感染して使い物にならなくなってしまったというわけです。レーニンは同年10月、革命によって権力を奪取しました。

ナワリヌイも、レーニンよろしくドイツから支持者の待ち受けるロシアへ戻りました。まるで現代版封印列車だと思いませんか。

しかし、ロシアに戻ったナワリヌイは逮捕されてしまいます。以前、別の事件で有罪となり、執行猶予中だったのに国外に出たという容疑でした。治療のためであり、ロシア当局も認めた出国だったのに、逮捕されてしまったのですね。さらにその後、「ロシアの退役軍人の名誉を棄損した」という新たな罪状が科せられ、裁判が続いています。その間に、ロシア政府はナワリヌイの支持団体を「過激派組織」に認定しました。IS（自称「イスラム国」）やアルカイダと同等に扱うというのです。これではナワリヌイの支持者はテロリストとして逮捕されてしまう。危機感を持ったナワリヌイは、指定に先立って組織の解散を発表しました。

２０２１年９月には、ロシア最大のイベントともいえる議会総選挙が行われます。プーチン大統領は、この選挙で自分の批判派が議席を確保することを何としても阻止したいのです。

■憲法改正で２０３６年まで大統領に？

プーチンが初めて大統領に選出されたのは２０００年でした。その後、「宮殿の主」になるまでの絶対的な権力者に上り詰めるわけですね。

当時のロシアの大統領は任期４年で連続２期まででした。そこで２００４年に再任された後、２００８年に大統領を退任しました。そして自分の言うことを聞くドミトリー・メドベージェフを大統領にして、彼の下で首相を務めます。そのとき、操り人形のメドベージェフ大統領によって、任期を６年に延長させます。

そして２０１２年になったら、はい、メドベージェフはおしまい。自分が大統領に復帰したのです。そのままいけば、２０２４年には大統領の任期は切れる予定でした。

しかしプーチンは2020年、憲法を改正。大統領の任期の2期6年は変更ありませんでしたが、「憲法改正前の任期は算入しない」ということにしました。ということは、通算4期目のプーチンが2024年にさらに大統領として立候補することができて、もしここで大統領になったらあと12年、**2036年までトップを続けられるのです。**

そうなるとプーチンは83歳までロシアに君臨することになります。

■「同性婚を認めない」と憲法に書いた

憲法改正は2020年1月に突如、プーチン大統領が提案したものでした。7月に憲法改正の是非を問う国民投票が行われ、即日開票の結果、賛成が半数を大きく超えました。**変更する項目が全部で200以上もあるのに、一括して賛成・反対の2択のみで決めてしまうという強引なやり方でした。**

内容を見ると、「婚姻は男女の結びつきによる」という規定をわざわざ入れています。

これは、同性婚は認めないということです。**ＬＧＢＴＱ（レズビアン・ゲイ・バイセクシュアル・トランスジェンダー・クエスチョニング）など性的少数者の権利などとんでもないというわけです。**

日本人として気になるのは、「自国領の割譲禁止」です。これまで日本はロシアと北方領土をめぐって交渉を続けてきましたが、北方領土交渉は厳しさを増すでしょう。その一方で、「ただし国境画定交渉は例外とする」とあります。日本とロシアの間でまだ国境を画定していないわけですから、その交渉はこれからもできるとも読める。玉虫色ですね。

怖いと思ったのが、**ロシア連邦以外で暮らしているロシア人を保護する責任が入ったことです。**

バルト三国（エストニア、ラトビア、リトアニア）にはロシア系住民が大勢住んでいます。もともとソ連時代は同じ国でしたから、そのときに移り住んだロシア系の人たちが、独立後、各国で、そのまま住んでいます。その人たちを保護する責任というのが今回のロシア憲法に入ったわけです。

「保護する」というのを大義名分に何をしようとしているのか。ロシア系住民を保護するためだと言ってロシア軍が入ってくる可能性（危険性）があるということです。**バルト三国との緊張が高まる可能性があります。**

■ソ連の国民を信じたゴルバチョフの誤算

なぜこんなにもプーチン政権が長期化しているのか。少し歴史を振り返ってみましょう。

ソ連というのはもともと15の共和国からなる連邦でした。ロシア（正式名称はロシア・ソビエト連邦社会主義共和国）もソ連を構成する国のひとつでしたが、**ロシアは共和国の中で最大の国で、いわば「心臓部」**でした。

1980年代後半から、ソ連は経済危機に陥ります。食料も不足します。それまでもソ連は社会主義体制がうまくいかなかったのですが、ソ連は石油大国。石油や天然ガスの輸出で外貨を稼ぎ、その資金で海外から小麦などの食料を輸入していました。しかし、オイル・ショック以降、世界の先進国は石油の消費を削減したため、石油価格は暴落。ソ連は外貨獲得が思うようにいかなくなったのです。

このような状況の中、ソ連の指導者ミハイル・ゴルバチョフは改革を始めます。グラスノスチ（情報公開）です。

ゴルバチョフはソ連の国民を信用していたのでしょう。グラスノスチで情報を公開し、言論の自由、報道の自由をまず認めました。そうすれば、いかにソ連という国が腐敗し、遅れているかということを国民が知ることになります。これではいけないと、きっと社会主義再建のために立ち上がるだろうと期待していたのです。

また、将来への希望を失った国民はウォッカに手を出し、アルコール中毒が深刻な社会問題になっていたので、ゴルバチョフは節酒キャンペーンに乗り出します。ウォッカの価格を引き上げたのです。「酒を飲んでいないで働け」というわけです。大酒を飲まないインテリならではの理想主義ですね。これには多くの国民が猛反発。ゴルバチョフの人気は急降下しました。

ゴルバチョフはあくまでソ連共産党の書記長として、さらにソ連の大統領として、ソ連を強い社会主義の国にしようとしていました。

しかし、ゴルバチョフ大統領の改革に対して、猛反発したソ連共産党保守派がクーデターを起こします。それを阻止したのがソ連の下部に当たるロシアの大統領だったボリス・エリツィンでした。エリツィンがクーデターの試みを阻止したことで、ソ連大統領であるゴルバチョフとの力関係が逆転してしまいます。エリツィンに対して強い態度に出られなくなるのです。

その後、エリツィン大統領は**「ソ連共産党解散命令」を出し、ソ連に代わって、ソ連を構成していた各国に呼び掛けてCIS（独立国家共同体）を結成。結果、ソ連はバラバラになって崩壊していく**のです。

■こうしてプーチン伝説は始まった

ソ連が崩壊した1990年代のロシアは、資本主義の国を目指しました。自由な経済体制です。競争によって経済を発展させようとしたのです。

まずロシアは国営企業を民営化しました。いきなり民営化といっても混乱するので、全国民に「バウチャー」（民営化小切手）を配布しました。いわば株券のようなものです。全国民を株主にしたのです。

しかし、資本主義を知らない国民からすれば、株券など紙切れです。生活に苦しむ国民がバウチャーを安値で売り出しました。これを利にさとい元共産党幹部などが買い占め、いくつかの財閥ができていきます。**ロシアの資本主義化の過程でつくられた新興財閥の一部は「オリガルヒ」と呼ばれ、時の政権と癒着して政治的影響力を強めていく**のです。

オリガルヒは、メディアを所有したり、ガス会社を所有したりして大富豪となり、一方でお金儲《かねもう》けの仕方を知らない庶民は貧しくなっていく。貧富の差が広がっていきました。**市場の自由化が一挙に推し進められたことで、経済が大混乱に陥った**のです。

このときに登場したのがプーチンです。エリツィンの後任として当選します。このときエリツィンは親族の汚職問題を抱えていました。自分の退任後、自分を含め親族の犯罪を追及しないようにプーチンと密約を交わし、プーチンを後継者に推薦したと言われています。

プーチン大統領は、自分に従順でないオリガルヒを排除しようと対決します。新興財閥を締め出して資源などを国のものにしてしまいます。国有化した企業の要職に自分の配下の者を就任させました。こうして経済を掌握するのです。プーチンに逆らったオリガルヒたちは次々に逮捕され、企業経営から追い出されました。国外に逃亡する人間も相次ぎました。

ちょうどそのタイミングで石油と天然ガスの価格が上昇します。国家財政が急速に改善し、公共投資によってロシア経済が発展します。石油価格が上昇したのは、中国やインドが経済成長を始め、石油の需要が高まったからですが、ロシアの庶民には、そんな理由はわかりません。「プーチンはすごい、プーチンのおかげ」とプーチン人気が急上昇しました。プーチン伝説が始まったのです。

■反プーチンはプーチンのありがたみを知らない若者層

あれから約20年が経ち、今回、反プーチン運動に参加している人の多くは若者です。いまの10代、20代はソ連崩壊を知りません。生まれてからずっと、プーチンが大統領（もしくは首相）です。

プーチン大統領の本音としてはスターリンのような独裁者になり、旧ソ連の栄光よ再びと思っているはずです。

しかし、ロシアの若者層の多くは、自由を欲しているため、独裁色を強めているプーチンに反感を持っています。

では誰がプーチンを支持しているのか。ソ連崩壊で生活が大混乱した経験を持つ年配層です。彼らは体制変動に不安を持っています。プーチン以前の悲惨な生活に戻りたくないのです。

結果的に反プーチンデモが広まっても、そう簡単にプーチン政権は揺るがないのです。

ソ連崩壊を知っている層と知らない層、ロシアも国内が二極化されているのです。

■ゴルバチョフの失敗に学んだ鄧小平

中国の指導者が教訓にしているのが、ソ連のゴルバチョフです。ゴルバチョフは自由にしたからこんなことになった。**ソ連の失敗に学べ**というわけです。

ソ連の国民たちは読み書きができましたし、教育水準は低くありませんでした。それでもゴルバチョフが国民を信頼したら失敗しました。その点、鄧小平《とうしょうへい》は国民の理性に期待するような失敗を犯しませんでした。

経済が発展して分厚い中間層ができてくると彼らは言論の自由を求めます。それが中国では天安門《てんあんもん》事件（1989年）でした。大学の数が急激に増え、大学の大衆化が始まり、これまで大学に縁のなかった若者たちも大学へ行けるようになった。ちょうど日本で学生運動が活発だった1968年と同じ状態です。

それを**鄧小平が徹底的に弾圧した**のです。そう考えると、ソ連の失敗に学んだ鄧小平の果たした役割は大きいといえます。

■プーチンにすがる欧州最後の独裁者

旧ソ連圏のベラルーシでも、反体制派デモが起こりました。

東西冷戦が終わり、ソ連が崩壊し、旧共産圏の東ヨーロッパも社会主義を放棄して資本主義陣営に加わりました。それに伴い、民主化されたところも多かったのですが、**ここへきて反動が起こり、再び独裁的な指導者が生まれています。**「東欧版トランプ」のような指導者が、です。

中でもベラルーシのアレクサンドル・ルカシェンコ大統領は、政権を維持し続け、**「ヨーロッパ最後の独裁者」と呼ばれています。**

そのベラルーシで何があったのか。２０２０年８月の大統領選挙で現職のルカシェンコの６選が発表されたのですが、選挙が不正だったと訴えた人たちが、「辞任しろ」とデモをしたのです。

ベラルーシは、ソ連時代にはソ連邦を構成する共和国のひとつで「白ロシア共和国」

と呼ばれていました。ソ連が崩壊し、独立した国家を日本はベラルーシと呼ぶようになりました。意味は「白ロシア」です。ロシア人と同じスラブ民族で、言葉も多くの人がロシア語を使っています。

ソ連が崩壊して別々の国になったけれど、**ロシアはベラルーシが民主化を進めて欧米に接近することを警戒**しています。プーチンにしてみれば、何とか取り込みたい。

ルカシェンコは、最初はロシアに取り込まれて自分の地位が奪われてしまうことを恐れ、反ロシアの立場に立って選挙に挑みました。ところが独裁に対する反対運動が起きてしまった。慌ててロシアのプーチン大統領に助けを求めました。

プーチン大統領は2020年8月、軍事介入もちらつかせて支援の用意を表明しました。**ロシアを後ろ盾に、ルカシェンコ大統領は独裁者として居座ろうとしています。**いまでも閉鎖的で旧ソ連の面影を色濃く残しているのがベラルーシなのです。

■旧ソ連崩壊前夜に発生した軍事衝突が再燃

こちらも旧ソ連圏での出来事です。2020年秋、カスピ海と黒海に挟まれたカフカス地方の**ナゴルノ・カラバフ紛争が大きなニュースに**なりました。

どんな紛争か。簡単に言えば、ナゴルノ・カラバフはアゼルバイジャンという国の中にあるのですが、アルメニア人が大勢住んでいて、アゼルバイジャンから独立してアルメニアと一体化したい。それを認めないアゼルバイジャンと紛争になっているということです。

ここが最初に大きなニュースになったのは1988年のこと。もともと両国ともソ連の一部でした。

15の共和国が一緒になって連邦をつくっていて、15の共和国の中にアルメニアもアゼルバイジャンもありました。だからソ連時代はあまり問題にはならなかったのです。

ソ連にはかつてスターリンという独裁者がいて、いろいろな仕掛けをしました。**ソ連がバラバラにならないような仕掛け**です。

ナゴルノ・カラバフは「黒い高地」という意味です。農業をするにはいい場所で、誰もが欲しがる魅力的な土地です。

スターリンはアルメニア人が住んでいるにもかかわらず、ここはアゼルバイジャンにすると言って分割統治しました。ソ連から独立しようとすると、ここはどっちになるんだと内輪もめになって団結できない。独立ができないようにと考えたのです。

他方、ソ連時代は共産党のもとで宗教が弾圧されていました。アルメニアはキリスト教の東方正教会（アルメニア正教会）、アゼルバイジャンはイスラム教ですが、ソ連は宗教を認めないので、あまり宗教的な対立も表面化しませんでした。

ところが1980年代の後半、ソ連がガタガタになってくると15の共和国がそれぞれ独立したいと言い出します。当然、アルメニアとアゼルバイジャンも独立したい。案の定、ナゴルノ・カラバフはどっちになるんだと紛争が起きたのです。

ソ連が崩壊した後は全面戦争になります。両国で3万人が死亡、100万人の難民が出ました。このときは、そもそもソ連崩壊が大ニュースで、この辺りの紛争については日本であまり報道されなかったのですが、**アルメニアからの難民が大勢出ました。**

■紛争の背景にトルコの野望あり

最近になってまた戦い始めたのには、トルコの思惑があります。トルコのレジェップ・タイイップ・エルドアン大統領は独裁的になり、モスクを増やすなど急激にトルコのイスラム化を進めています。

そもそもアルメニア地方は過去にオスマン帝国に支配された歴史があり、オスマン帝国による虐殺事件が起きたこともあって反トルコ感情が強い土地です。宗教もキリスト教の東方正教会ですから、ロシア正教と近く、ロシア寄りです。

一方、アゼルバイジャンは民族も言語もトルコ系で、宗教も同じイスラム教徒ということもあり、親トルコです。

これまではアルメニアの発言権が強くてアゼルバイジャンが弱いという力関係でした。それはロシアの後ろ盾があったからです。ところが**トルコの支援を受けてアゼルバイジャンが力を強め、キリスト教対イスラム教のような「宗教戦争」となりました。**

今回のナゴルノ・カラバフ紛争は、事実上トルコがバックにつくアゼルバイジャンの勝利に終わりました。アルメニアに占領されていた土地を取り返したのです。

なぜアゼルバイジャンが勝てたのか。アゼルバイジャンはトルコから最新武器を手に入れて戦いました。とくにドローンを大量に入手し、ドローンを使ってアルメニアを攻撃しました。

アルメニアはロシア製の兵器を使っていました。ロシア製は近代化が進んでおらず、相手にならなかったのです。

アゼルバイジャンは勝利を祝う軍事パレードを行いました。トルコのエルドアン大統領も駆けつけました。こちらは「オスマン帝国の栄光よ再び」でしょう。

不安や混乱の中では、独裁者が多く生まれます。

ナゴルノ・カラバフ紛争にはトルコの思惑が

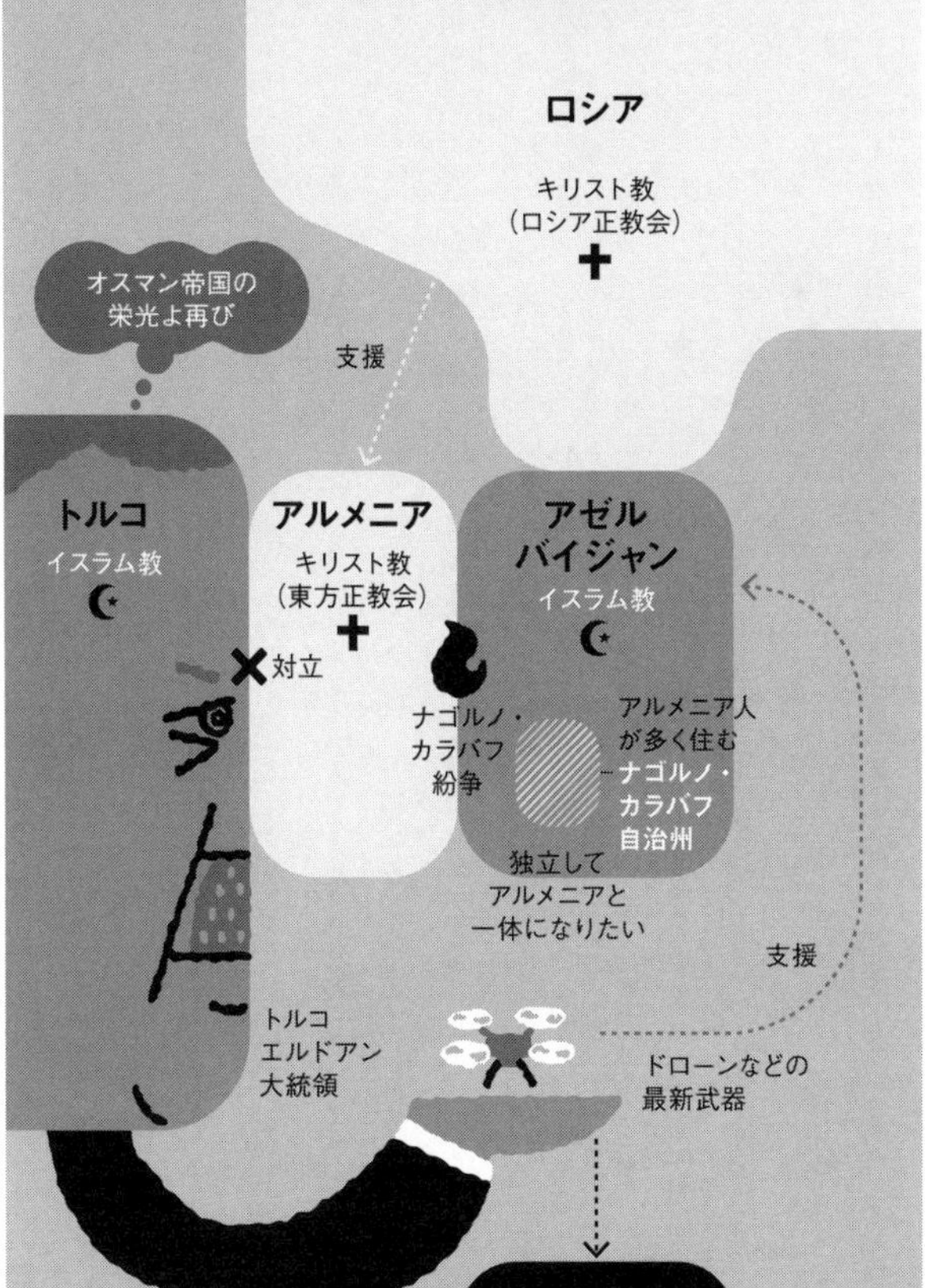

ロシア
キリスト教
（ロシア正教会）
オスマン帝国の
栄光よ再び
支援
トルコ
イスラム教
アルメニア
キリスト教
（東方正教会）
アゼル
バイジャン
イスラム教
対立
ナゴルノ・
カラバフ
紛争
アルメニア人
が多く住む
ナゴルノ・
カラバフ
自治州
独立して
アルメニアと
一体になりたい
支援
トルコ
エルドアン
大統領
ドローンなどの
最新武器
アゼルバイジャンが
勝利

第3章　アラブの春から10年　中東に新たな火種

■唯一の成功例といわれるチュニジア

アラブの春から10年が経ちました。中東では、当時掲げていた**理想の社会は実現できていないという失望の声があがっています。期待したのは「民主化」だったのですが。**

唯一の成功例といわれるのが北アフリカに位置するチュニジアです。長期政権が崩壊した後、すぐに新しい大統領を決める選挙を行うのではなく、まずは国の根幹である憲法をつくり直すことから始めました。教育水準が高かったこともあるでしょう。民主的な選挙も行われ、少なくとも内戦にはなっていません。

ただ依然として若者の失業率は高く、仕事を求めてヨーロッパへ渡る人も少なくありません。ボートで対岸のイタリアへ渡る途中で命を落とす若者もいます。

長期政権が崩壊した他の国はどうか。民主化とは程遠いと言わざるを得ません。アラブの春とは何だったのか、振り返っておきましょう。

発端となったのはチュニジアです。10年前、路上で野菜を売っていた当時26歳のムハンマド・ブアジジさんが、腐敗した警察に商売道具を取り上げられ抗議をしたところ、屈辱的な仕打ちを受け、絶望した彼は焼身自殺を図るという事件が起こりました。この映像がＳＮＳで拡散。これをきっかけに、仕事がない若者などの不満が爆発。民主化を求める反政府デモに発展し、同国で23年間におよぶ独裁を続けていたベン・アリ政権が崩壊しました。国の代表的な花の名から**「ジャスミン革命」と呼ばれました。**

王国や独裁国家が多いアラブ世界ですが、チュニジアでの民主化運動が、**ツイッターやフェイスブックを通じて発信され、さらにカタールに本拠を置く衛星ニュース「アルジャジーラ」が大きく報道した結果、北アフリカから中東全域にかけて連鎖的に広がっていきました。**

■内戦の中で台頭していった「ＩＳ」

エジプトではホスニ・ムバラク政権、リビアではムアンマル・アル＝カダフィ政権が倒れ、イエメンではアリー・アブドッラー・サレハ大統領が退陣に追い込まれました。

シリアではバッシャール・アル＝アサド政権が反体制運動を弾圧して以降、内戦が続いています。シリアだけでなく、イエメンでも内戦が続き、リビアは国が東西に分裂してしまいました。

その過程で、**武装組織「IS」（自称「イスラム国」）の台頭を招き、テロの脅威が世界に広がっていきます。**

ISを生んでしまったのは、2003年にイラク戦争を起こしたアメリカのジョージ・W・ブッシュ（子ブッシュ）政権です。フセイン政権を倒した結果、イラク国内が内戦状態となり、その中から過激派組織「イラクのイスラム国」が誕生したのです。アラブの春によってシリア内戦が始まった結果、イラク戦争によって生まれた「イラクのイスラム国」が、「イラクとシリアのイスラム国」に成長していく。成長のきっかけになったのはアラブの春ですが、生んだのはアメリカなのです。

さらに言えば、当時のブッシュ大統領を操ったのは副大統領だったディック・チェイニーという人物でした。彼は副大統領になる前は「ハリバートン」という民間の軍事会社であると同時にアメリカ軍のさまざまなものを受注する企業のCEOを務めていました。ハリバートンは石油産業にも手を出しているのですが、チェイニーはその多国籍企業からブッシュ政権入りするのです。

ＣＥＯを辞めた後も、ハリバートンの株式を大量に持っていました。戦争に大変な利害関係を持っていたのです。

ブッシュという人物は国際関係に疎く、イスラム教にスンニ派とシーア派が存在することすら知りませんでした。チェイニーにしてみればそんなブッシュを操るのは朝飯前のことでした。

アメリカがイラクを攻撃してフセイン政権を倒せば、ハリバートンにさまざまな利益が流れ込む。石油利権も握れます。アメリカがイラクを攻撃すれば、彼には個人的な利益が生まれるという構造になっていたのです。そもそも、そういう人物を政権に入れてはいけなかったのですが。

結果、**「イラクのフセインは大量破壊兵器を持っている」という誤った情報に基づいて、イラクを攻撃した**のです。

２０１８年に公開されたアメリカ映画『ＶＩＣＥ』（バイス）は、チェイニーがどのようにブッシュを操ってイラク戦争に導いたかをリアルに描いています。演じたクリスチャン・ベールはチェイニーにそっくりです。ちなみに「VICE」とは、副大統領のことを指しますが、「邪悪」という意味でもあります。

■難民により欧州政治は右傾化

アラブの春がシリアに飛び火すると、アサド政権は軍隊を使って国民を弾圧しました。シリア国民の多くはイスラム教のスンニ派です。アサド大統領はアラウィー派というシーア派の一分派です。

シリアには徴兵制があります。兵士の多くはスンニ派です。民主化運動をしているのは同じスンニ派。となると、自分たちは国を守るために軍に入ったのに、同じ国民に銃を向けるなんてしたくないという人たちが出てきます。

彼らの中から、アサド大統領の命令に背き、軍を飛び出して民主化運動をしている人たちを応援する兵士が生まれます。彼らは「自由シリア軍」を名乗りました。こうしてアサドの命令を聞く政府軍と、民主化運動をする人の立場に立った自由シリア軍の内戦になるのです。

ここに周辺の国が介入したことで、**シリア内戦は泥沼化**していきました。まずアサド政権はシーア派系ですから、シーア派の大国・イランが応援します。対してスンニ派の大国サウジアラビアが自由シリア軍を応援します。

さらに、イランを目の敵にしているアメリカ、イギリスも自由シリア軍を支援。もともとシリアはフランスの植民地でしたからフランスも自由シリア軍側です。

するとシリアに軍事基地を維持しているロシアは中東での影響力を高めようとして、アサド政権を支援。シリアが争乱状態になっていきます。

隣国シリアで内戦が始まると、イラクに生まれていたスンニ派過激組織「イラクのイスラム国」は、自分たちの勢力を拡大するチャンスと考え「イラクとシリアのイスラム国」と名乗って、シリアに介入していくのです。

リビアやチュニジアのイスラム過激派もＩＳに加わるためにシリアへ移りました。そのためチュニジアに過激派がいなくなって平和になったともいえるのですが。

ヨルダンやモロッコでも民主化運動が起きましたが、国民から敬愛されている国王の下では決定的な対立は起きずに混乱は収束し、両国では憲法改正が実現しています。

チュニジアから始まったアラブの春はチュニジアを除けば、結果的に混乱だけを招きました。シリアやイラクではＩＳの台頭を招き、大量の難民が生まれて、トルコやヨルダンに流れ込み、さらに一部はヨーロッパを目指しました。**ヨーロッパでは難民の受け入れに反発した人たちによる右傾化が進んだ**と言えます。

■アラブの春の教訓

アラブの春は、なぜ国によって異なる結果となったのか。これは**民主主義の基礎があったかどうかにもよる**と思います。

アメリカのヒラリー・クリントンが国務長官だったとき、エジプトへ行ってアラブの春に参加した若者たちと話したことを、回顧録に書いています。

ムバラク政権が崩壊した後、「みなさんが独裁政権を倒したのはいいけれど、これか

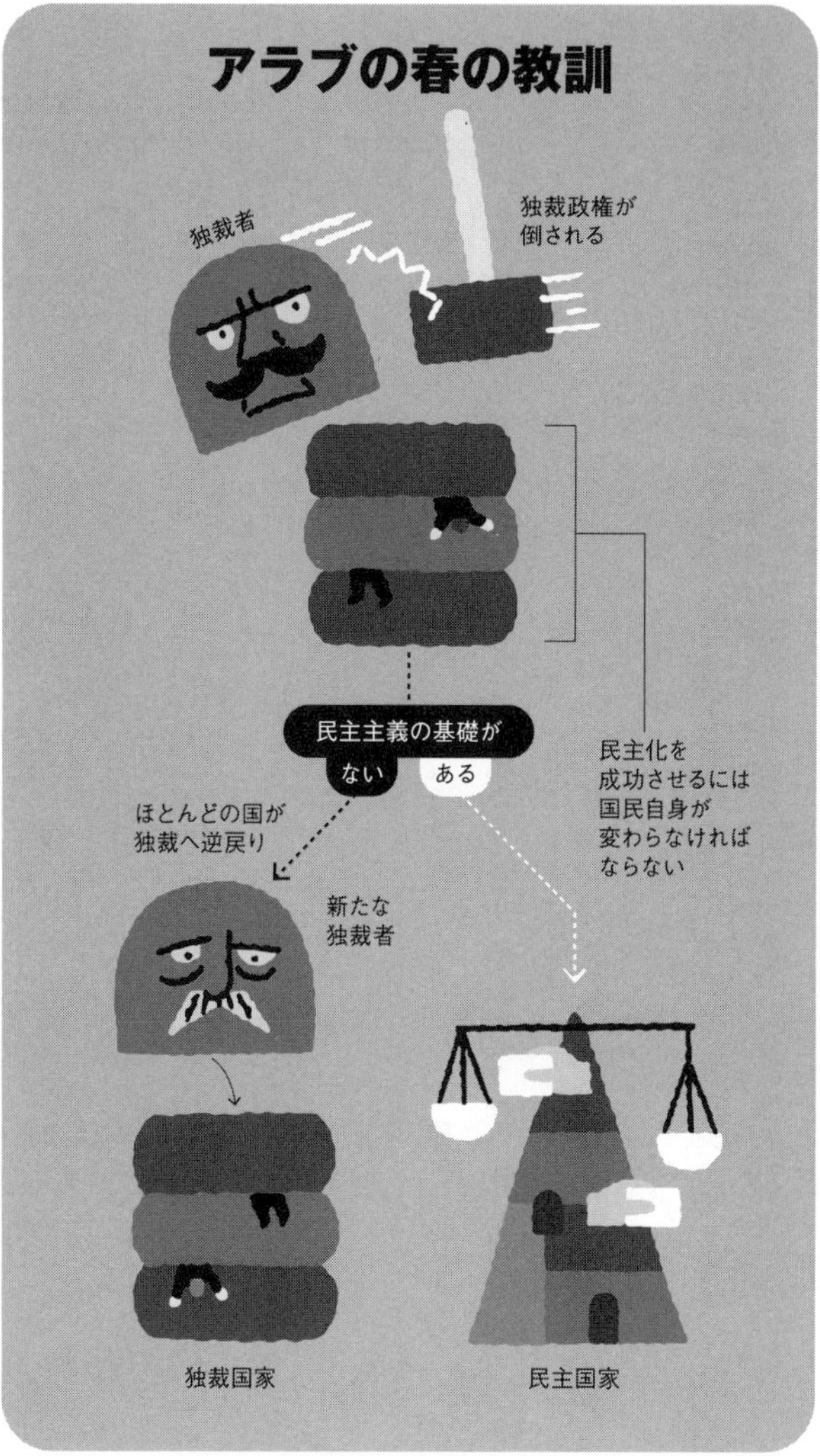
アラブの春の教訓
独裁者
独裁政権が
倒される
民主主義の基礎が
ない
ある
民主化を
成功させるには
国民自身が
変わらなければ
ならない
ほとんどの国が
独裁へ逆戻り
新たな
独裁者
独裁国家
民主国家

らはあなたたちが民主政治を担わないと、また元に戻りますよ」と伝えたら、学生たちがポカンとしていたというのです。体制転換後のビジョンが何もなかったのですね。とにかく独裁者を引きずりおろしたら、あとは誰かが新しい国づくりをしてくれると思っていたのでしょう。自分たちで国を運営して変えていこうとする勢力が育っておらず、他人頼みでした。

民主主義の伝統や基礎がないままに民主化を進めた結果、結局は新政権ができても不満が噴出する結果となりました。

エジプトではムバラク政権崩壊後、民主的な選挙によりイスラム原理主義系のムハンマド・モルシ政権が誕生しましたが、イスラム色を強める政権運営に民衆は反発。13年の軍事クーデターにより国防相だったアブドルファッターフ・アッ＝シシ政権が誕生し、現在に至っています。結局、軍事政権に戻ってしまったのです。

■パレスチナが裏切られた「中東和平」

アラブの春に巻き込まれることのなかったのは、中東で唯一の民主主義国家イスラエルでしたが、そのイスラエルをめぐって、アラブの国が分断されています。

２０１７年、アメリカのドナルド・トランプ大統領（当時）は**エルサレムをイスラエルの首都として正式に認め、歴代大統領が継続してきた政策を転換**しました。これに激怒したのがパレスチナです。エルサレムは、イスラエルとパレスチナ双方にとって聖地だからです。

第2次世界大戦後の１９４７年、国連総会はパレスチナを「アラブ国家」と「ユダヤ国家」（およびエルサレム特別管理地区）に分割する決議を採択しました。ユダヤ国家のイスラエルという国ができたことで、そこに住んでいたアラブ人であるパレスチナの人々が追い出されることになったのです。パレスチナ難民です。いまも両民族間の紛争は続いています。

イスラエルは１９４８年の建国後、アラブ諸国では隣国のエジプト（１９７９年）とヨルダン（１９９４年）との間でのみ、平和条約を結んでいました。

ところが２０２０年8月、**ＵＡＥ（アラブ首長国連邦）がイスラエルとの和平合意の**

締結を発表。9月にはバーレーンもイスラエルとの国交正常化を発表しました。

「仲良くしたらアメリカが支援する」と、**アメリカの仲介により、パレスチナ問題を抱えるイスラエルとアラブの国が手を結んだ**のです。

「アラブの大義」はどこへ行ったのか。アラブの大義とは、パレスチナの人を難民にしてしまったようなイスラエルは、国家として認めないという方針だったのですが。

■「イラン包囲網」で利害が一致

アメリカは「イスラエル支持」です。アメリカ社会でユダヤ人勢力は政治、経済に大きな影響を与えているからです。

一方、中東諸国においては、イスラム教のスンニ派が大多数で、イランはシーア派の大国という対立構造があります。そのイランは「反イスラエル」です。

つまり**イランのことを脅威と考えているのは、イスラエルも多くのアラブ諸国も同じ**なので「反イラン包囲網をつくろうじゃないか」というわけです。

パレスチナが裏切られた
中東和平
2021年5月
イスラエルとパレスチナの
衝突が激化
イスラエル
（ユダヤ人）
反イスラエル
として
パレスチナを
応援
イラン
アメリカ
アメリカ社会で
ユダヤ人が
大きな影響力
パレスチナ
（アラブ人）
アラブの国々が
イランへの反発と
アメリカからの
支援を期待し
イスラエル側へ
•UAE（アラブ首長国連邦）
•バーレーン
•スーダン
•モロッコ
サウジアラビアも
イスラエルと関係改善が
進んでいる

ＵＡＥ、バーレーンに続いて、スーダン、モロッコもイスラエルとの国交正常化を発表しました。

中東戦争とはイスラエルと周辺のアラブ諸国の間で、4度にわたって起こった戦争です。イスラエルの独立宣言を受け、それを承認しないアラブの国々がイスラエルと対立しました。

しかしいまイスラエルは「中東のシリコンバレー」などと呼ばれ、先端技術でどんどん成長しています。イスラエルと国交を結んでいろいろとやり取りをした方が自国にとってプラスです。同じイスラム教徒であるアラブの国々が次々とイスラエルと手を結んでいくのは、パレスチナからしたら裏切られた思いでしょう。

サウジアラビアもイスラエルと関係を改善したいのですが、一応「アラブの盟主」という立場上、和平には至っていません。しかし、2020年11月、イスラエルのベンヤミン・ネタニヤフ首相（当時）は、**国交のないサウジアラビアを極秘裏に訪れています。水面下では関係改善が進んでいる**とみられます。

アラブ諸国はパレスチナ問題には関心を失ったのか。**アラブにとっての脅威は、イス**

ラエルではなく、イランという状況に変わってきています。

ちなみにスーダンはアメリカから「テロ支援国家」に指定されていました。スーダンといえば、9・11同時多発テロ事件をおこしたアルカイダの最高指導者オサマ・ビンラディン容疑者が一時、活動拠点としていた国です。ところがアメリカは、テロ支援国家指定を解除し、いろんな商取引をするからイスラエルを承認しろと要求したのです。

■モロッコで内戦危機

UAE、バーレーン、スーダンに続いて**モロッコも、2020年12月にイスラエルと国交正常化で合意**しました。モロッコはアメリカからどんな「アメ」をもらったのか。

北アフリカのモロッコの南側には西サハラがあります。モロッコは領有権を主張していますが、日本も含め、国際社会は認めていません。

世界地図を見てください。モロッコの下は白くなっているはずです。アフリカ連合は、西サハラの「ポリサリオ戦線」というモロッコと対立している組織を国家として認めています。西サハラ地域の独立を目指す武装組織です。

アフリカ連合がポリサリオ戦線を国家（サハラ・アラブ民主共和国）として認めているため、モロッコは反発してアフリカ連合には２０１７年まで加盟していなかったという対立構造があります。

ところが、トランプ前大統領は「西サハラの主権を認めてやるからイスラエルを承認しろ」とモロッコに追随を促しました。アメリカは近く、係争地である西サハラに領事館を開設する予定です。

もちろんポリサリオ戦線は反発しています。これまでスペインが西サハラの領有権を放棄した後、モロッコとポリサリオ戦線が対立。１９９１年に国連の仲介で停戦状態になっていましたが、再び内戦になるかもしれません。

実はかつてユダヤ人がディアスポラとして世界に離散したとき、大勢がモロッコへ逃れました。はるかローマの時代から、モロッコの中にかなり多くのユダヤ人が暮らしているのです。よってイスラエルと国交を正常化することにはメリットがあります。

しかし、**西サハラをモロッコ領だとアメリカが認めたことによって、新たな内戦危機**

も迫っているのです。

■イラン核合意はどうなる？

長年対立してきたイスラエルとアラブ諸国が急接近すると、イランはどう出るのか。

イランは1978〜79年のイスラム革命を経て反米国家となりました。アメリカはイランと国交を断絶し、イランのことを「テロリストの親玉」だと言って敵対しています。

2002年、イランがウランを濃縮して核兵器を開発しているのではないかという疑惑が発覚しました。イランは平和利用だと主張したのですが、ウランを濃縮すれば核兵器に転用が可能です。

アメリカはなんとか止めさせたいと、バラク・オバマ政権時、イランと交渉して**イランの核開発を制限させる「イラン核合意」を実現**させました。2015年のことです。

2016年には、ドイツ、フランス、ロシアなど関係6カ国とイランが共同声明を発表して核開発を凍結。その見返りに、経済制裁を解除しました。

これに対してイスラエルは、核開発を放棄したわけではなく止めただけであり、再開すれば1年くらいで核兵器ができてしまう。これでは不十分だと不満を訴えていました。親イスラエルのトランプ前大統領はこのイスラエルの訴えを受け入れます。さらにはオバマのことが大嫌いで、オバマの功績を台無しにしたいこともあって、**一方的にイラン核合意から離脱**しました。

しかしバイデン政権はイランとの核合意を再び実現しようと交渉を続けています。その一方で、トランプ政権の反イラン政策に反発したイランでは、反米強硬派の大統領が誕生しそうです。前途多難です。

■イラン核開発の父暗殺

2020年11月、イラン核開発の父といわれる核科学者のモフセン・ファクリザデが、首都テヘラン近郊で暗殺されました。

殺したのはどうも、キラーロボットだったようです。

ファクリザデは普段テヘランにいるのですが、殺されたのはテヘラン郊外の自宅へ帰る途中でした。常に「イスラエルから命を狙われているから」と、護衛の車が3台ついていました。

久しぶりに家に帰るので、そのうちの1台が自宅の様子をチェックしに一足先に自宅へ向かいました。後から本人が乗っている車と、護衛の車2台がゆっくりと走っていたら、突然銃声がしたそうです。何だろうと彼が外に出たら、150メートル離れた小型トラックの荷台にあった自動小銃がファクリザデを撃ったのです。彼を守ろうとして間に入った護衛も一緒に殺されました。

不思議なのはその後、自動小銃が爆発したというのです。暗殺は遠隔操作で行って、証拠を隠滅したのでしょう。イランのハサン・ロウハニ大統領は、「イスラエルが事件に関与した」と非難しました。

キラーロボットを開発できる、それだけの技術力を持った国はあの辺りではイスラエルしかありません。

イランは報復すると宣言しましたが、目立った行動は起こしていません。実はイランでは、これまでに核科学者4人が暗殺されているのです。いずれもイスラエルによるものと見られています。

トランプ政権によって行われた**イスラエルとアラブ諸国の国交正常化は、中東の勢力図を変える大きな転換点となるかもしれません。**これまでパレスチナを支援してきたトルコも、イスラエルとの関係立て直しに動き始めています。ただ、その一方で、2021年5月にはパレスチナ自治区の過激派組織「ハマス」がガザ地区からイスラエルに対して大量のロケット弾を発射し、イスラエルが報復としてガザ地区を空爆。多数の死傷者がでました。中東の平和への道は遠いのです。

第4章　虎視眈々と勢力を拡大する中国

■中国GDPついにアメリカの7割超え

アジアでは、**中国の習近平国家主席の存在感がますます強まっています。**

中国は、徹底した新型コロナウイルス対策で感染の封じ込めにほぼ成功しました。それゆえ経済の回復も早く、2021年1月18日に中国国家統計局が発表した2020年の国内総生産（GDP）は、2・3％のプラス成長と、**主要国で唯一伸び率がプラス**になりました。

この名目国内総生産の数字によると、2020年、すでにアメリカの7割を超えたことがわかりました。10年に9％だった世界のGDPに占める割合も17％を超え（国家統計局）、30年ごろにはアメリカを抜くのではないかとの予測もあります。

中国の強気な姿勢を支えているのは、**経済力の急成長を背景にした軍事力**でしょう。

中国の軍事力に関して、アメリカ国防総省は「すでに一部でアメリカ軍を追い越している」と警戒しています。

超大国になり、覇権志向を露《あら》わにする中国。しかしその一方で、**隠蔽《いんぺい》体質はそのままです。**中国は、武漢で新型肺炎患者が出たというのを自発的にいち早くWHO（世界保健機関）に報告したと言っていますが、実際はそうではありません。WHOが、中国の武漢で何かおかしなことが起きていると察知し、「何が起きているのか？」と中国当局に問い合わせをしたため、中国が渋々認めたというのが真相です。

■「中国海警法」に怯える周辺国

台湾とベトナムは、アジアの中で新型コロナウイルスの感染制御に最も成功したところといえます。中国と仲が悪いからです。

台湾は当然、中国の危険性を常に感じていますから、武漢で新型肺炎患者が出ていることをかなり早い段階で察知しました。ただちに中国からの入国を制限し、政府の初動の早さと水際対策は世界から賞賛されました。

一方、日本は中国の習近平国家主席を国賓として招待しようとしていました。そんなときに中国からの入国を禁止するのは失礼だ、もうちょっと様子を見ようと、もたもたしているうちに中国からの観光客が来て、感染が拡大してしまいました。

アジアの国々は、中国の強硬な海洋進出にも危機感を抱いています。

2021年2月1日、中国は「中国海警法」を施行しました。

海警法とは、沿岸警備機関である「海警局」の公船に、武器の使用を認めるというものです。中国の海警局とは、日本なら海上保安庁に該当します。いわば「海の警察」です。日本の海上保安庁も武器を搭載していますが、外国の公船に対して使うことはできません。

一方、中国の海警法では、主権が侵害されたとみなせば武器の使用を認めているため、海上保安庁の巡視船や日本の漁船が対象となる可能性が出てきました。海警法で、わざわざ武器の使用を認めると明記するのは挑発的です。「いつでも武器を使うぞ」という脅しになります。

南シナ海の領有権をめぐって中国と対立するフィリピンとベトナムは「戦争を仕掛けるというのか」と猛反発しています。中国は現在、沖縄県石垣《いしがき》市に属する尖閣《せんかく》諸島の領有権も主張しています。台湾も尖閣諸島の領有権を主張していますが、中国は、台湾は中国のものだから、どっちにしても尖閣は中国のものという考え方です。いま連日のように接続水域（領海の外側12海里の海域）や領海にまで入ってきています。長時間留まったり、漁をしている日本の漁船を追跡したりと、非常に挑発的です。

中国国防相は2021年3月1日、尖閣周辺への侵入を「今後も常態化していく」と強調しました。2020年11月12日、アメリカの次期大統領就任が確定したジョー・バイデンは、菅義偉《すがよしひで》首相との電話会談で「尖閣諸島は日米安全保障条約第5条（日米いずれかが攻撃を受けた場合、互いに防衛する）の適用対象だ」と明言しましたが、今後、緊張が高まることは避けられそうもありません。

■ウイグル民族は18世紀「清」の支配下に

バイデン新政権に移行しても「米中新冷戦」は続いています。いや、激化しているのと言っていいでしょう。バイデン政権は**人権問題などで中国に厳しく対応する方針**を示しているからです。

中国は建前としては多民族国家であり、漢民族を含め56の民族から成ります。9割以上が漢民族なのですが、漢民族以外で人口の多い民族には自治を認めることになっていて、ウイグル民族の自治も認めています。

その他、チベット自治区、内モンゴル自治区など**5つの自治区があります**。自治区のトップはその民族なのですが、トップを支えているのは漢民族です。実際、トップは〝お飾り〟で実質的な力はありません。つまり、**自治区も漢民族の中国共産党が支配しているの**です。

いま、国際社会で最も問題視されているのが新疆ウイグル自治区での**ウイグル民族への弾圧**でしょう。

「新疆」とは「新しい土地」という意味。18世紀に清《しん》朝の支配下に入ったので、「新しい土地」と名付けられました。ウイグル民族はトルコ系の少数民族です。もともと「チュルク」と呼ばれる中央アジアの遊牧民族が祖先です。チュルクは突厥《とっけつ》とも呼ばれ、中央ユーラシアをほぼ支配下に置いていました。

邪魔な存在を
力ずくで押さえつける
中国共産党
中国共産党の締め付け
欧米諸国は
ジェノサイド（民族大量虐殺）
と認定
トルコ系民族
イスラム教徒
新疆ウイグル
自治区
チベット
自治区
台湾
香港
国家安全維持法
香港の民主化運動を抑えるために
2020年いきなり中国側が
香港に押しつけた
2047年までは
「一国二制度」で
自由が守られる
はずだった

突厥が商業活動をするために西、つまりトルコのほうへ移動して行きます。その結果、現在のトルコに住むようになったのです。もともとひとつの民族だったのですが、現在ウイグル民族はカザフスタンやキルギスにも住んでいます。中国で大多数を占める漢民族とは見た目も文化も言葉もまったく違います。そのほとんどがイスラム教徒です。

■2014年の「爆破テロ事件」で習近平がキレた?

かつて新疆ウイグル自治区では、「武力を使ってでも独立したい」というイスラム過激派がテロを引き起こしたことがあります。

中国共産党による一党独裁体制の中国にしてみれば、**イスラム教徒は神（アッラー）の言うことを聞きます。中国共産党より大事な存在があるのです。それは中国共産党にとって、共産党への忠誠心がないということになります。よって迫害の対象となるの**です。

習近平国家主席が弾圧を強めたのは、2014年4月30日に新疆ウイグル自治区で起きた「爆破テロ事件」がきっかけと言われています。習近平が国家主席となり、初めて新疆ウイグル自治区を視察した際に、ウルムチ南駅が爆破されたのです。漢民族と衝突して多くの死傷者が出ました。

それ以来、中国当局はテロ対策として締め付けを強化。その過程で、イスラム教徒を敵視するかたちで次々と強制収容所へ入れていきました。

アメリカ国務省の推計では新疆ウイグル自治区で100万人を超えるイスラム教徒が強制収容所に送られているといいます。

■北京オリンピックボイコットの声も

確かに独立を願っている人もいるでしょうが、すべてのウイグル人がそう思っているかどうかはわかりません。取材ができないので全体像が見えてこないのです。

しかし、海外へ亡命したウイグル人の証言などで国外に漏れ伝わってくる話では、いたるところに監視カメラが設置され、たとえばモスクに行ってお祈りをすると睨《にら》まれて収容所へ入れられたりするというのです。

収容所へ入れられると、鎖につながれ大声で革命歌を歌わされるなど、ウイグル民族を華人化する再教育が行われているようです。

中国政府は「イスラム系少数民族に対して教育や職業訓練を行っている」と主張していますが、要は共産党の指示に従うように思想を叩《たた》き込もうというわけです。

中国共産党は、漢民族に対して新疆ウイグル自治区への移住を促しました。自治区内に住むウイグル民族は1949年には76％だったのですが、2015年には47％まで比率が下がっています。**意図的にウイグル民族の割合を減らしているのです。**

「遅れた地域を発展させるために漢民族が移り住む」と説明していますが、明らかに自治区を漢民族が支配しようとしていて、高い給料を払って移住させているのです。

習近平国家主席は、**現代版シルクロード経済圏構想「一帯一路」を進めています。**その要《かなめ》の土地が新疆ウイグル自治区です。中国共産党に従わない人たちが存在することは邪魔なのです。

アメリカのマイク・ポンペオ前国務長官は、**ウイグル民族弾圧は国際法上の犯罪とな**

る**「ジェノサイド（民族大量虐殺）」であると認定**しました。バイデン政権のアントニー・ブリンケン国務長官もこれに同意しており、欧米の人権団体などからは、２０２２年の北京冬季オリンピックのボイコットを呼びかける声もあがっています。

■チベット民族はウイグル民族ほど弾圧されていない？

中国の辺境地帯には、文化や言葉が違う人が大勢住んでいます。独立運動をされたら中国がバラバラになって国家の統合が脅かされる。そうした危機意識から、なんとか抑え込もうとしているのがいまの中国共産党です。

とくに新疆ウイグル自治区の独立意識が高いのは、かつてこの地が独立の経験を持つからです。短期間ではありますが、１９３３〜１９３４年には、第１次東トルキスタン共和国が樹立されています。西の地区だけで独立しましたが、旧ソ連によって潰《つぶ》されてしまいます。ソ連の中にもトルコ系のイスラム教徒がいたため、その人たちの独立運動につながりかねないと考え、弾圧したのです。

10年後、今度は北部に第2次東トルキスタン共和国ができます。これは中国によって潰されました。いずれも短期間ではありましたが、**2度にわたり独立政権を実現したの**です。

さらに、中国の南西部にチベット自治区があります。中国共産党はチベット民族に対してはウイグル民族ほどの弾圧はしていないと思われがちですが、**チベットでも実に厳しい取り締まりが行われています。**

それなのになぜ日本に伝わってこないかというと、ウイグル民族に関しては海外に亡命したウイグル人や、ウイグル民族の人権を守ろうという組織があって、頻繁にアピールしているからです。

チベット自治区に関しても、チベット仏教の最高指導者「ダライ・ラマ」の写真を持っているだけで捕まります。こっそり隠して、中国の治安当局がいないところでお祈りしているという現実があるのです。

チベット仏教というのは非常に平和的で、テロをしません。その代わり、抗議は焼身自殺です。自ら死んで抗議をする。これが仏教徒による抗議です。こうした情報はなかなか外に出てきませんが、ダライ・ラマが亡命してチベット亡命政府を樹立しているインドのダラムサラへ行くと、チベットでの焼身自殺の情報はそれなりに入ってきます。

たとえばベトナム戦争当時、アメリカ軍の支援を受けていた南ベトナム政府は腐敗しきっていました。政府に抗議するため、南ベトナムの僧侶《そうりょ》が路上でガソリンをかぶって焼身自殺をするという事件が起きました。その映像は世界に衝撃を与えました。

これは、南ベトナムに海外の報道機関が入っていたからこそ、その映像が広まったのです。チベット自治区には外国のマスコミが一切入ることができません。よって、情報が世界に広がって行かない。しかし、中国政府からの厳しい抑圧が続いているのです。

ここでもチベット民族の華人化が進められています。

■中華人民共和国建国とともに占領されたチベット

チベットといえば、「ダライ・ラマ」をイメージする人が多いのではないでしょうか。

ダライ・ラマは、チベット仏教の最高指導者です。「大海のような知恵のある人」という意味で、この称号はモンゴルから与えられました。現在のダライ・ラマは14世で、2021年7月で86歳になります。

1949年に中国共産党が中華人民共和国を建国すると、「チベットの人民を解放する」と言って人民解放軍がチベットを占領します。幼かったダライ・ラマは北京に連れて行かれ、洗脳教育を受けますが、途中で「このままではチベット仏教が消滅させられる」と危機感を抱いてチベットに戻ります。しかし、中国共産党による締め付けが強化され、ダライ・ラマはインドに亡命しました。現在、ダラムサラというインド北西部の街に住んでいます。

私も5回お会いしたことがあります。1度はダラムサラまで行って会うことができました。ここはインドの山岳地帯で、チベットと環境や気温が似ています。

ダライ・ラマは観音菩薩《かんのんぼさつ》の化身と考えられています。菩薩とは、いよいよ悟りを開いて次にはブッダになる一歩手前の存在。菩薩になれば輪廻《りんね》転生（一度死んでも魂は何度でも生まれ変わる）の輪から抜け出して涅槃《ねはん》に入れるので、もう生まれ変わらなくてもいいのです。しかし世の中には困っている人がたくさんいる。その人たちを救済するた

チベット仏教のダライ・ラマと偽パンチェン・ラマ問題

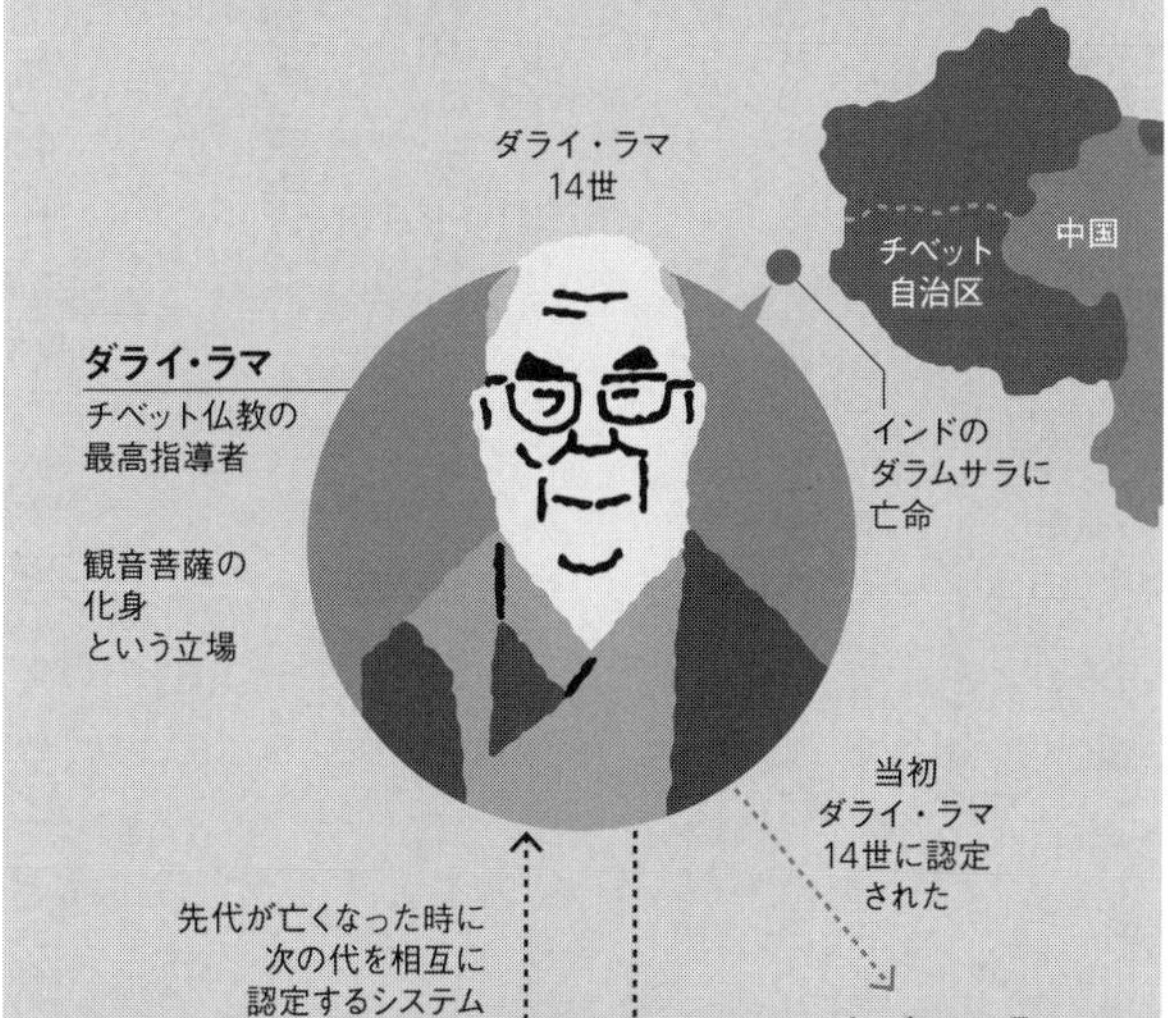
ダライ・ラマ
14世
チベット
自治区
中国
ダライ・ラマ
チベット仏教の
最高指導者
インドの
ダラムサラに
亡命
観音菩薩の
化身
という立場
当初
ダライ・ラマ
14世に認定
された
先代が亡くなった時に
次の代を相互に
認定するシステム
パンチェン・ラマ
11世
中国政府によって
擁立された
偽パンチェン・ラマ11世
中国政府
に連れ去
られた
パンチェン・ラマ
チベット仏教の
ナンバー2
阿弥陀仏の
化身
という立場

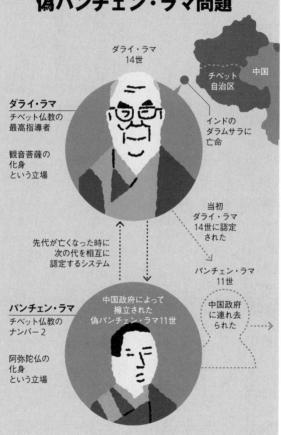

めに、あえてこの世に人間のかたちをして戻ってきたのがダライ・ラマという位置づけです。

■チベット仏教も大乗仏教

チベット仏教は独特です。そもそも仏教とは、インドで、ゴータマ・シッダールタという釈迦《しゃか》族の王子が悟りをひらいてブッダ（真理に目覚めた人）になった。そのブッダの教えが仏教です。

ブッダが亡くなった後、ブッダの教えをどう解釈するかで仏教は2つに分かれます。厳格な教えを守ろうとする長老グループが上座に座ったので、**上座部仏教**と呼ばれます。それ以外の一般大衆は下座に座りました。「われわれ一般大衆は、自分だけが修行をして自分だけが救われるのではなく、みんなが救われるんだ。言ってみれば、〝大きな乗り物〟なのだ」ということで**大乗仏教**と自称します。上座部仏教のことを、「自分たちだけが救われればいいと考えている、言ってみれば〝小さな乗り物〟なのだ」と「小乗仏教」と呼びました。かつては日本でも「大乗仏教と小乗仏教」という呼ばれ方をしたこともありますが、「小乗仏教」とは大乗仏教からの見方で客観的ではないとして、現在は上座部仏教と呼ばれているのです。

上座部仏教はタイ、ミャンマー、スリランカ、カンボジアなど東南アジアや南アジアへ広がって行き、大乗仏教は中国や朝鮮、日本で発展していきます。

チベット仏教というのは大乗仏教に分類されるのですが、インドからチベットへ渡って独自の発展を遂げました。

まず現在、チベット仏教の最高指導者であるダライ・ラマ14世は13世の子どもではありません。チベット仏教では、僧侶は結婚が許されていないので**血のつながりではなく、14世は13世の生まれ変わりと考えます**。先代が亡くなった直後に、どこかに生まれ変わるとされているのです。

たとえばダライ・ラマ14世は、どのように認定されたのか。チベット・ラサのポタラ宮殿で亡くなった13世の遺体を安置していたところ、顔が東の方向へ傾きました。そこで13世の生まれ変わりは東で生まれたと推測されました。チベットにはダライ・ラマの後継者を選定する際にお告げを確認に行く湖があり、14世を見つける捜索隊が組織されてその湖の湖面を観察します。すると湖面に青い屋根の建物が浮かんだそうです。そこで捜索隊が東を目指して進み、ダライ・ラマ13世が亡くなった直後に男の子が生まれた青い屋根の家を発見しました。そこで、その男の子が13世の生まれ変わりかどうかの試験を実施しました。13世が生前に愛用していた杖《つえ》と、あまり使っていない杖を渡すと、13世が使っていた杖を手に取りました。その後も、13世の仏具とそれ以外の仏具を示すと、ことごとく13世が使用した仏具を手に取ったとされます。そこで、この子が生まれ変わりに間違いないというわけです。

見つけ出された子どもは、チベット仏教の高等教育を受けました。

このとき生まれ変わりを認定するのは、「パンチェン・ラマ」です。パンチェン・ラマとは、ダライ・ラマに次ぐナンバー2で、阿弥陀仏《あみだぶつ》の化身とされています。パンチェン・ラマも輪廻転生していくので、亡くなったらパンチェン・ラマの生まれ変わりを認定するのは、ダライ・ラマという仕組みです。相互認定システムですね。

■中国が認定した偽パンチェン・ラマ

１９８９年、中国共産党の監視下のチベットで活動していたパンチェン・ラマ10世が亡くなりました。中国共産党の批判をした直後に急死したというのです。死亡原因は心臓麻痺《まひ》だと言われていますが、はっきりしたことはわかっていません。

その後１９９５年、ダラムサラにいたダライ・ラマ14世はチベット仏教の輪廻転生のしきたりに従って、６歳の少年をパンチェン・ラマ11世と認定しました。

ところがその数日後、その少年が突如として行方不明になります。それからしばらくして中国共産党は、「この子が真のパンチェン・ラマだ」と、ダライ・ラマ14世が指名した少年とは全く別の少年を11世と発表しました。

共産党は宗教を否定しているのに、チベットのルールに従って共産党が生まれ変わりを認定するという摩訶不思議《まかふしぎ》なことが起こったのです。

ダライ・ラマが認定したパンチェン・ラマ11世はどこへ行ったのか。長らくわからなかったのですが、2020年5月、メディア向けの記者会見で中国の報道官は、「あの子は中国で育ち大学を出てすでに就職している」と発表しました。つまり、パンチェン・ラマ11世が生きていることを中国政府が認めたのです。

一方、中国政府が認定した偽パンチェン・ラマは共産党を賛美しながら、チベットにときどき帰っては宗教行事をしていると言われています。

こうなるとチベットは困ります。いまのダライ・ラマ14世が亡くなったときに、ダライ・ラマ15世を認定する人がいなくなってしまったのです。

中国政府は共産党が認定した偽パンチェン・ラマに、ダライ・ラマ15世を認定させるのでしょう。当然、中国共産党の言うことを聞く男児をダライ・ラマ15世に認定する。そうすると**チベットを完全に共産党の支配下に置くことができます**。チベット仏教のルールを使って、内側からチベットを崩壊させようとしているのです。

もちろんダライ・ラマ14世は危機意識を持っていますから、ダライ・ラマ15世の認定について「もう生まれ変わりを止めようか」と言い出したり、「これまではチベットで生まれ変わって来たけれど、チベット以外で生まれるかもしれない」と言ったりして、しきりに中国を牽制《けんせい》しています。「男性として生まれ変わるかどうかわからない」という言い方をして、女性の可能性も示唆しています。チベット仏教の高僧の中から指名、もしくは僧侶の中から選挙で後継者を選ぶ可能性もあるようです。

ダライ・ラマ14世はもうかなり高齢ですから、病気になったりしたら後継者をめぐって大きなニュースになるはずです。

■2047年までは「一国二制度」の香港

コロナ禍に揺れた2020年は、**香港の自由が失われた年でもありました**。

香港は、1842年に中国がイギリスにアヘン戦争で負けて、イギリスの植民地になった場所です。「東洋の真珠」とか「美食都市」とか呼ばれ、人気の観光地です。「香港」と一口に言いますが、実は香港島と九龍《カオルン》半島、新界《シンカイ》の3つの地区に分かれています。

イギリスが最初に植民地にしたのは香港島だけでした。ここは「永久割譲」でした。

次に九龍半島も永久割譲させました。その後、新界については「99年間の租借」でした。つまり、99年経ったら中国に返す約束で、香港島と九龍半島については「割譲」でした。こちらは返さなくてもよかったのですが、中国の鄧小平は、「必ず回収する」と、軍事力をちらつかせてイギリスのサッチャー首相を脅しました。

ただ、そのとき鄧小平は、**返還後も「50年間は一国二制度を守る」と約束**しました。

当時の中国は貧しく、自由な経済活動は認められない社会主義体制でした。香港が中国の体制に組み入れられたら、多くの香港人や企業が逃げ出してしまうことは容易に想像できます。そのため「一国二制度」という不思議な制度を保障したのです。

中国の一部にはなるけれど、政治・経済体制は、50年間はそのままの体制を維持するよ。香港の人たちは安心してくださいね、というわけです。

1997年に返還され、50年は一国二制度を守るということは、**2047年までは香港の自由は守られなければならなかったはず**です。

■23年目に突然押しつけられた「国家安全維持法」

香港は、少なくとも23年間は「一国二制度」が守られてきました。ところが**2020年、中国はいきなり「国家安全維持法」（国安法）をつくって香港に押しつけました。**

事前に「こんな法案です」とオープンになっていなかったので成立してから内容がわかり、成立したらいきなり施行されました。ひどい話です。もともと「一国二制度」では、香港に適用される法律は香港の議会が制定するものなのに、中国が押しつけたのです。

どういう法律なのかというと、4つの罪があります。「国家分裂」、「政権転覆」、「テロ」、「外国勢力との結託」です。これらを**「国家の安全に危害を加える犯罪」として、最高で終身刑を科す**というのです。

まず「香港は独立すべきだ」と主張すると、国家分裂罪に該当します。中国は、「香港は中国の一部」だと思っているからです。これは重罪になります。

「政権転覆」とは、反逆に当たるスローガンを叫んだりプラカードを掲げたりした場合、これに該当する恐れがあります。民主化を叫ぶのは中国共産党を批判すること。共産党の統治している国家の政権を転覆させようとしているというわけです。2020年、香港で民主化運動をしている人が次々に捕まりました。容疑は国家政権転覆扇動罪でした。

次に「テロ」。確かにテロをしてはいけないと思いますが、2019年から20年にかけて香港で民主化を求める学生たちと警官隊が衝突しました。あれは中国共産党から見たらテロだそうです。警察に対して催涙弾を投げ返したりするのもテロになるようです。

「外国勢力との結託」は日本とも関係があります。日本の人たちが「香港のみなさん、頑張ってください」と特定の民主派を応援するとその人たちが、外国勢力との結託だと言われて逮捕されかねないのです。たとえば民主化運動家の周庭《しゅうてい》（アグネス・チョウ）さんを私たちが支援すると、周庭さんが罪に問われる恐れがあるのです。これでは、うっかり支援もできません。

罪が重いと判断されれば終身刑、さらに悪質とみられた場合は中国大陸に連れて行かれる可能性もあります。香港の司法制度のもとで香港の刑務所に入るのではなく、中国大陸に連れていかれて裁判になるかもしれないということです。

■イギリスが香港からの移住者を受け入れ

私が香港で取材をした民主化運動の若者のひとり周庭さんも約7カ月にわたり収監されました。周庭さんのような若者が育ってきたのは、香港に自由な教育があったからこそだと思うのです。香港の言論の自由、表現の自由が、国際社会が見ている前でみるみる失われていく。中国は国際的な約束を破り、一国二制度を崩壊させているのです。

香港返還当時、中国共産党の独裁体制がいつまでも続くわけがないと、多くの人が思っていました。まさか共産党による統治がいまだに続いているとは、返還したイギリスも誤算だったのでしょう。

イギリス政府は２０２１年１月31日から、**香港からの移住者を受け入れる特別ビザの申請受付を開始**しました。香港の人にイギリス国籍を与えることも検討しています。台湾も受け入れを表明しました。**移住の動きが本格化する可能性もあります。**

■ミャンマーは再び軍事政権に逆戻り

ミャンマーでは、軍によるクーデターが起き、アウンサンスーチーの身柄が拘束されました。「クーデター」とはフランス語で、支配階級内での権力の移動のことです。ミャンマーでは、選挙で選ばれたわけではない軍人が、与党の政治家を捕まえて武力で政権を維持しようとしているのです。

ミャンマーは50年間も軍事政権が続き、政府を批判すれば逮捕されるような状態が続きました。ようやく2011年に民政に移管（軍政ではなくなり、選挙ができるようになった）したはずなのに、**再び軍事政権に逆戻りです**。

ミャンマーの歴史を振り返ります。

ミャンマーはかつてビルマと呼ばれていました。アウンサンスーチーは、ビルマ建国の父としてミャンマーの国民の崇敬を受けている**アウンサン将軍の娘**です。ちなみにミャンマーでは姓名の姓がありません。全部名前です。アウンサンスーチーは、父親のア

ミャンマーは
軍事政権に
逆戻り
第2次
世界大戦後
イギリスから
独立
軍事政権
が続く
インド
バングラ
デシュ
ミャンマー
かつてのビルマ
ヤンゴン
タイ
アウンサン
スーチー
通算
約15年に
わたって
自宅に軟禁
1988年
民主化運動
が起こる
アウンサン
スーチー
率いるNLD
(国民民主連盟)
2011年
民政に移管
2015年
事実上の
スーチー政権
2020年
選挙でNLDが圧勝すると
2021年
軍部がクーデター
軍事政権
に逆戻り
クーデターに対する
抗議デモが続いている

ウンサンの名前を受け継いでいます。名前が長いので、親しい人相手には「スー」と自称しているそうです。

ビルマ建国後、未亡人となったアウンサン将軍の妻はインド大使に任命されインドに渡ります。若きスーチーも同行し、ここでマハトマ・ガンジーの非暴力運動に感銘を受けたといわれています。

その後はイギリスのオックスフォードに留学し、大学で知り合ったイギリス人と結婚しスーチーもイギリスに住んでいました。

その間、祖国ミャンマーでは1988年に若者を中心に民主化運動が起こります。スーチーが母親の介護のために一時帰国したところ、若者たちに乞われて民主化運動のシンボルとなるのです。

民主化運動によって、それまでの独裁者は引退するのですが、軍が再度権力を握るためにクーデターを起こします。NLD（国民民主連盟）を組織していたスーチーは、**通算約15年にわたって、自宅に軟禁され軍事政権と激しく対立**するのです。

軟禁といっても、自宅はかなりの広さがあります。私は許可を得て敷地内に入れてもらったことがあります。庭にはバラ園がありました。彼女はいつも髪にバラの生花を挿しているのですが、庭で取れた花なのです。軍事政権としてもアウンサン将軍の娘に手荒なことはできなかったのでしょう。

■大統領の上に「国家最高顧問」を新設

軍事政権はその後、国際社会の圧力によって民政移管に同意します。しかし軍はスーチーを大統領にしたくないため、民政移管にともなって2008年、新憲法を制定。軍にとって有利な仕組みをつくりました。

選挙で自由に国民の代表を選んでいいことにしたのですが、そのうちの25％は軍が指名する議員とする。議会の4分の1は選挙ではなく軍が指名する議員で、自由に選べるのは4分の3という**限定的な民主化でした**。憲法改正は、議席の4分の3以上の賛成がなければできません。つまり軍人が認めなければ憲法改正はできない仕組みなのです。

さらに、大統領の要件として、「軍事に詳しい」こと、「親族に外国人がいない」ことを盛り込みました。スーチーは軍の経験者ではありませんし、スーチーの夫はイギリス人。親族に外国人がいる人は大統領になれないという規定にひっかかります。

結果的にスーチー率いるNLDは2015年の総選挙で圧勝し政権を掌握するのですが、党首であっても大統領にはなれません。そこで**「国家最高顧問」という役職を新設し、事実上の最高指導者になっていた**のです。スーチーの言うことを聞く大統領はNLDのメンバーから選びました。

ではなぜ今回、軍はクーデターを起こしたのか。

2020年11月に行われた2期目の選挙で、**スーチーが率いるNLDが圧勝**し、選挙で選ばれる4分の3の議席のうちの8割をNLDが獲得したからです。それ以外の25%分がすべて軍人でも、今後は自分たちの思い通りにはいかなくなる恐れがあります。実は軍は国営企業のかなりの部分を支配して甘い汁を吸ってきました。たとえ憲法を改正できなくても、議会の過半数を握ったNLDが軍に不利な法律を制定するかも知れません。軍はこれを恐れたようです。「選挙結果は不正があったから認められない」と主張し始め、クーデターを起こしたのです。

ちなみに、このときの選挙は日本からのメンバーも含む国際監視団が監視に当たり、「大規模な不正はなかった」という報告をしているのですが。

■ロヒンギャ問題でスーチーバッシングも

軍のクーデターによって、アウンサンスーチー国家最高顧問や複数の政治家が軍によって拘束されました。ミャンマーでは**このクーデターに対する抗議デモが続き、多くの死者が出ています。**

ミャンマー国内では人気のスーチーですが、毀誉褒貶《きよほうへん》があります。スーチーが国家最高顧問になった後、**国内の少数民族ロヒンギャの迫害**が起きました。軍が弾圧しても、これをスーチーが止めなかったとして国際的な評判は落ち込んでいるのです。ノーベル平和賞を取り消すべきだという署名活動まで起きていました。

ミャンマーというと、私の世代では『ビルマの竪琴《たてごと》』という小説で知られるように、かつてはビルマと呼ばれていました。しかし、ビルマとは宗主国イギリスが勝手に英語読みしたものだと、1989年、当時の軍事政権が現地読みを優先し、ミャンマーと国名を変えました。このとき当時の首都のラングーンも現地読みのヤンゴンに改名しました。

親日国として知られ、日本企業も次々と進出していますが、現地社員たちは職場を放棄し、抗議活動に参加。工場が次々に操業停止となっています。欧米政府はミャンマーの軍事政権を批判し、経済制裁を始めていますが、日本政府にその動きはありません。今後の日本企業のことを考えて、軍事政権に強く出られないのです。多くのミャンマー国民が、**「日本も制裁に参加してほしい」と思っているという世論調査もあります。日本政府の対応が問われています。**

■日韓関係を悪化させた「徴用工」判決

コロナ禍による巣ごもりの影響で、韓国ドラマブームが再来しました。「愛の不時着」や「梨《イ》泰院《テウォン》クラス」は、日本でも大ヒットしました。

しかし、日韓関係は悪化の一途をたどっています。とりわけそのきっかけとなったのは、韓国の大法院（最高裁判所）の2018年10月の判決です。いわゆる**徴用工判決をめぐって日韓が激しく対立することになりました**。

日本と韓国は、1965年に日韓基本条約を結んでいます。東西冷戦下、「資本主義陣営の団結を強めたい」というアメリカの意向もあり、お互いに相手を国家として認め、日本と韓国が国交を結んだのです。これが日韓基本条約です。このときに、合わせて日韓請求権協定も結んでいます。これには**賠償請求権問題が「完全かつ最終的に解決された」と明記**されています。

ところが2013年、日本統治時代に朝鮮半島から動員された韓国人、元徴用工4人が新日鉄住金（現・日本製鉄）を相手取り損害賠償を求めた訴訟で、ソウル高裁は新日鉄住金に1人あたり1億ウォンの賠償を命じる判決を出しました。

その後2018年、韓国の最高裁では新日鉄住金の上告を棄却し判決が確定します。この判決に関して、2021年に入り文在寅《ムンジェイン》大統領は「強制執行で日本企業の資産が現金化される方法は韓日関係に望ましくない」と語り、日韓で解決策を協議したい意向を示しています。

■日本人の考え方、韓国人の考え方

いろいろなことで問題が起きる日韓両国。

ある人が上手《うま》い表現をしました。日本は「順法精神」の国。つまり法律や条約を守らなければいけない。一旦《いったん》よその国と条約や協定を結んだら、それがどんなものであろうと結んだからには守らなければならないと考える。だから徴用工問題に関しても、慰安婦問題に関しても「いや、もう解決している。協定を結んだのだから、これは守ろうよ」という言い方をします。

一方、韓国が大事にするのは「正義」である。不義が行われていたらそれを正すのが本来正しいことで、不義の条約、不義の協定は破棄して当然、無視して当然。何があっても正義を貫くべきだという考え方なのだと。

さらに言えば、韓国は独裁政権が続いてきたとき国民が立ち上がって民主化を実現することができたという成功体験があります。正義を実現することができた。だから正義は勝つと考える。

つまり**日本側にも韓国側にもそれぞれ「内在的論理」がある**のです。解決済みの問題を蒸し返してけしからんと単に断罪するだけではなく、韓国の言い分はどういうことなのか、そこにはどのような歴史的背景があるのかを理解した上で、日本には日本側の論理があるということを相手側に理解してもらう。相互にこういう取り組みが必要になるのではないかと思います。

いま何が起きているかを知ることはもちろん大事ですが、**歴史を学び、なぜ葛藤《かっとう》は生じたのかと問い続ける**。そこから国際理解は始まるのではないでしょうか。

■中国の内在的論理

21世紀に入り、アジアの盟主は日本から中国へと完全にシフトしました。中国の野望はアジアの覇者ではありません。アメリカを追い抜き、世界一の経済大国を狙っています。「一帯一路」とともに、活動範囲を地球規模で拡大しているのです。

現在、アメリカと中国との関係が悪化し、たとえばアメリカが中国の通信機器最大手のファーウェイ（華為技術）の部品を使うなとか、ファーウェイに半導体を売るななど制裁措置を強化しています。

中国は、半導体を自国でつくる技術がまだないので相当、困っています。

これまでは半導体は台湾に外注していたのですが、台湾との関係が悪化して、なかなか手に入らない。そこで習近平体制では国内で半導体がつくれるように、すべての部品を国産化しようという大きな方針を持っています。すぐには無理でしょう。しかし**いずれアメリカが中国叩きをした結果、中国は半導体を内製できるようになるはずです。そうすればこれまで以上に大変な脅威になります。**近い将来、中国はそういう力を持つはずです。

中国は有史以来、常に超大国でした。清の時代、イギリスにアヘン戦争で負け、その後、日本にも日清戦争で敗れた。「眠れる獅子《しし》」と恐れられていたのに「眠れる豚だった」と、次々と欧米列強に侵攻され散々な目に遭いました。中国にとっては屈辱の歴史です。

強くなければ生きていけない。周辺国になめられると自分の国を守ることができない。歴史の中で悲惨な戦争のトラウマを持っていると「二度と戦争が起きないように」と思います。EUのように「みんなで一緒に守ろう」というやり方がある一方で、敵意がある国に囲まれているという意識がある国は、自分が強くなるしかありません。強さをアピールすることで、周りの国がちょっかいを出す気にならないようにしようと考えます。

■250年のアメリカ、4000年の中国

尖閣諸島周辺海域に毎日のように中国公船（中国政府に所属する船舶）が侵入してきています。

中国は毎日のように領海侵入していたら、日本がやがてへとへとになってしまって、いずれ「中国の船が来るのが当たり前」と思うようになると考えているのでしょう。100年かけて自分のものにすればいいと長期で考えているはずです。

習近平は2018年3月に**「2期10年」だった国家主席の任期を撤廃**しました。さすがに党内には反発の声もあったようです。しかし、習近平は「自分が台湾統一を実現するから」と説得したという話もあります。歴史的偉業を成し遂げるつもりなのでしょう。

中国人の考え方を知る中で、「へー」と思ったことがあります。1980年代、中国残留邦人の日本帰国事業が本格化しはじめました。中国でそれなりの暮らしができているのに、どうして残留邦人は日本へ帰る決断をしたのか、不思議に思った人が聞いたそうです。

日本語ができない中国残留邦人は、帰国しても日常生活や就労に苦労する人が多かったのです。すると「自分は苦労するだろう。でも自分の子どもや孫が日本で豊かな暮らしができるようにするために帰国するんだ」と答えたといいます。そういう考え方が中国の権力者にも備わっているのでしょう。

さすがは中国4000年、悠久の歴史を刻む国。アメリカは建国250年です。アメリカと中国のはざまで、時間の観念が異なる国との間で、日本はどうすべきなのか考えなくてはなりません。

第5章　感染症とフェイクニュース

■人類共通の挑戦課題「感染症」

感染症は世界の歴史を大きく変えてきました。14世紀にヨーロッパで蔓延《まんえん》したペストは、とりわけ大きな転換点となりました。

当時は封建社会です。封建制のもとで農奴（領主に保有された奴隷のような農民）も次々とペストに感染して死んでいきました。たちまち労働力不足が発生します。封建領主たちも働いてくれる農民を確保しなければならないので、農奴の奪い合いとなります。待遇をよくしないと働いてくれません。その結果、農民の地位が相対的に上がり、労働条件も改善されていきました。報酬として農民に賃金が支払われるようになり、**ヨーロッパで貨幣経済が徐々に広まっていきます。**やがてこれが資本主義経済に発展していく。**ペストの大流行は、資本主義が生まれるきっかけになった**とも言えるのです。

さらに当時のヨーロッパでは、カトリック教会が絶大な力を持っていました。カトリック教会のもとで人々は清く正しく生きていかなければ天国へ行けないと信じられていました。ところがペストが広まると、教会の神父でさえ容易に死んでしまう。ペストから逃れるため、聖職者が教会から逃げ出す始末です。こうなると教会に対する信頼は一挙に崩れてしまいます。

「なんだ、神に祈りを捧《ささ》げても効果がないじゃないか。どうせ死ぬのだから、もっとのびのびと生きていることを楽しもう！」と、やがてルネサンスの文化が花開くことになるのです。カトリックの重圧から逃れる、人間の〝解放運動〟が、ルネサンスなのですね。

■宗教改革も感染症が原因？

『デカメロン』はこのルネサンス期の文学者・ボッカチオの代表作です。この際入手して読んでみました。どんな物語なのか。

14世紀に大流行したペストから逃れるため、イタリアのフィレンツェ郊外の別荘に男3人、女7人の計10人が籠《こも》ります。都市に暮らしているとペストに感染する危険性が高いので、森の中でペストが収まるのを待とうというわけです。
しかし暇でしょうがない。そこで退屈しのぎに10人がそれぞれ1人1話ずつ、10日間にわたって毎日とっておきの小噺《こばなし》を紹介しようということになります。その計100話を収めた本が『デカメロン』です。

読み始めると、当時ペストがどれだけ猛威をふるったかわかります。大人が思わずニヤリとするような艶《つや》っぽい話も出てきます。キリスト教の神父をおちょくるような物語も出てくる。中世のヨーロッパにおいて、神父をからかったりすることなどあり得なかったのですが、みんな笑い飛ばしているのです。驚くべきことです。キリスト教の権威がすっかり失墜したこともわかります。

教会の権威が揺らぎ、やがてカトリック教会のやり方に異議を唱える人が出てくる。
世界史で習いましたね。マルティン・ルターです。キリスト教の革新運動を行い、キリスト教の新しい宗派「プロテスタント」を成立させた人物です。

当時のローマ教皇は、カトリック教会の総本山「サン・ピエトロ大聖堂」を建造するための資金稼ぎとして贖宥状《しょくゆうじょう》（かつては免罪符と言いました）を発行することを始めます。

「このお札を買えば、罰が免除されて天国へ行けます」というわけです。悪徳商法みたいですね。お金を出せば天国へ行けるなんてとんでもないとルターはこれを批判するのです。プロテスタントの中のひとつの派がピューリタン。ピューリタンというのは信仰をピュアなものにすべきだという考えを持った人たちです。彼らが、自分たちの思想を実現できる理想の国をつくろうと、船でアメリカ大陸へと渡って行くのです。

■あるときは兵士が、あるときは商人が感染症を運ぶ

17世紀にもペスト感染が発生しました。感染症というのは周期的に流行して人類を苦しめるのです。

当時も多くの人が亡くなったので、とても埋葬が追い付かない。そこで巨大な穴を掘り、大量の遺体を積み重ねていっぺんに埋葬しました。集団埋葬と言うと聞こえがいいのですが、穴を掘って投げ込むしかなかったのです。

オーストリアの首都ウィーンに、「シュテファン大聖堂」という立派な大聖堂があり

ます。地下に降りていくと当時ペストで亡くなって集団埋葬された大勢の人の骸骨《がいこつ》を見ることができます。なかなか凄《すさ》まじい光景です。きちんと歴史を刻もうということでしょうか。

シュテファン大聖堂に限らず、ヨーロッパにはあちこちに集団で埋葬した場所があります。近年、研究者がその場所を掘り出して、亡くなった人たちのペスト菌の遺伝子配列を調べてみました。するとそのペスト菌の遺伝子は、14世紀に中国の雲南《うんなん》地域で広がっていたペスト菌の遺伝子と一致したのです。ペストはもともとネズミの病気で、ペストにかかったネズミの血を吸ったノミを介して人間に感染します。

それがはるばる中国の雲南地域からヨーロッパに移って行ったことが証明されたのです。どうやって？　そう、シルクロード経由です。中国からシルクロードを通って絹織物など多くの品物がヨーロッパに渡って行きました。ペスト菌もまた渡ってしまったのです。

人や物の移動が激しく行われるようになるとまた、病原菌も運ばれる。

日本でも8世紀の奈良時代、天然痘が大流行しました。当時の日本の総人口の約3割、

100万人から150万人が死んだと推測されています。奈良時代といえば遣唐使です。遣唐使によって唐の進んだ文化が入ってきたと同時に、天然痘も入ってきたのです。

当時の聖武《しょうむ》天皇が、不安に駆られる人々の気持ちを抑えようと建立したのが奈良の大仏であり、日本各地にある国分寺、国分尼寺です。

今回の新型コロナウイルスも中国から世界中に広まりました。中国で新型コロナウイルスが広がるとすぐにイタリアで感染が広がりました。なぜイタリアなのか。いま**中国の習近平国家主席が「一帯一路」政策を進めています。**これは、**中国とヨーロッパを陸路と海路で結ぶ現代版のシルクロードと呼ばれるルート**です。イタリアはヨーロッパの入り口にあたり、多くの中国人がイタリアで働いています。よって中国で発生した感染症がいち早くイタリアに飛び火したと考えられます。

■「SARS」はなぜ日本で広まらなかったのか

中国では**2003年にも重症急性呼吸器症候群（SARS）が感染拡大**しました。これもコロナウイルスが変異したものです。当時、中国では大勢が亡くなりましたが、世界にはほとんど広まりませんでした。中国で感染した人がそのまま香港へ旅行し、同じ香港のホテルに宿泊していたカナダ人やオーストラリア人に感染して、局地的に感染が広まったことはあるのですが、世界中に広まることはありませんでした。

ＷＨＯ（世界保健機関）は、最初の報告から8カ月後に終息宣言を出しています。

このときはなぜ、パンデミックは起こらなかったのか。当時の中国はいまほど世界経済に大きな地位を占めていなかったからです。さらに、いまのように大勢の中国人が世界中に旅行に出かけることがなかったからです。

しかしいまでは中国が世界でとても大きな地位を占めるようになりました。その結果、感染が急速に世界に広がったことがわかります。世界経済のグローバル化は止めることができません。ということは、今回の新型コロナウイルスの感染の封じ込めに成功しても、やがて**また新しい新型のウイルスが生まれてくる**。私たちは、そういう気構えでいなければなりません。

■「武漢ウイルス」と呼ぶのはルール違反

いまから約100年前、**1918年から1919年にかけてはスペイン風邪が流行し**ました。スペイン政府は「スペイン風邪と呼ぶのをやめてくれ」と抗議しました。「スペイン風邪」と当時呼ばれていたのは、インフルエンザです。電子顕微鏡などない時代ですから、ウイルスの存在がわかっていませんでした。

時はまさに第1次世界大戦のさなか。広めたのは、ヨーロッパに派遣されたアメリカ軍兵士ではないかといわれています。味方のイギリス軍やフランス軍の兵士はもちろん、敵のドイツ軍兵士にも広まり、バタバタと若い兵士が死んでいきました。ただ、兵士がバタバタと倒れているなんて、戦争をしている国にとっては極秘情報で報道できません。

最初に報道されたのが、中立国だったために報道規制などなかったスペインだったのです。ただ、発祥はアメリカ説のほかに、中国説もあります。

WHOは現在、**地名や国名を病名に付けるのを止めようとルールをつくっています。**

よって今回も「武漢」あるいは「中国」などつけず、新型コロナウイルスの感染による病気の名称を「COVID－19」と名づけました。COVIが「コロナウイルス」、Dが「疾患」、19が「2019」という意味です。

■100年前の教訓が生かせたはず

今回、新型コロナウイルスの感染が拡大し始めると、**いろいろな国で緊急事態宣言（国によって名称は異なる）が発出されました。これは100年前の教訓が生きているからです。**

第1次世界大戦中の興味深いデータがあります。当時アメリカでは戦争を継続する資金を調達するために「戦時国債を買おう」というキャンペーンを各地で実施します。兵士たちがパレードして購入を呼びかけたのです。このときアメリカのフィラデルフィアとセントルイスが対照的な行動をとったのです。

フィラデルフィアでは大規模なパレードが行われました。もちろん密状態になりますから、パレードに来た多くの人が感染し、多くの死者が出ることになりました。

一方、セントルイスの市長は感染症が広まっていることを知り、一切パレードはせず、劇場なども閉鎖しました。当時は相当、批判をされたそうですが考えを曲げなかったようです。結果、セントルイスの死者数は非常に少なく済みました。

初期の段階で都市を封鎖し人々の移動を極力抑えると、死亡者、感染者を減らすことができたのだということがきちんとデータとして残っているのです。ただしセントルイスはその後、規制を解除した結果、感染者、死者が増えてしまいましたが。

規制を緩めると第２波というかたちで感染者、死者が増えることもセントルイスの経験が私たちに教えてくれているのです。

２０２０年の緊急事態宣言中、当時の安倍晋三首相は「家で過ごしてください」と外出の自粛を呼びかけるために、星野《ほしの》源《げん》さんの動画に合わせた自身の動画を投稿して国民の怒りを買いました。「家で優雅に過ごすことができる人ばかりではない」という批判でした。一方、この頃ドイツのメルケル首相は、国民への協力呼びかけの中で、スーパーマーケットで商品の補充などをしている人たちへの感謝の気持ちを語りました。あまりに好対照ではありませんか。国民の心に響くメッセージを発するには、共感力が必要なのです。

また、安倍首相が記者会見で自粛を呼びかけたときに、かつてのフィラデルフィアとセントルイスの例を出し、わかりやすくデータを示して「こんなに違うので、何としても協力して死者を減らしましょう」と言えば、説得力が増したことでしょう。

人々に納得してもらうには、客観的なエビデンスと共に、国民の気持ちを察することができる共感力が必要なのです。

■フェイクニュースは民主主義を壊す

新型コロナウイルスと共に広まったのが、デマやフェイクニュースでした。

感染が広まり始めたころ、知人から善意で「36℃のお湯を飲むと死滅するそうです」というメールが送られてきました。ありがたいのですが、「ちょっと待てよ、人間の体温は何度だよ」と考えました。

不安な気持ちや緊張状態が続くと、人は判断力が鈍ってしまいます。デマを信じてしまうことは誰もが陥りかねないリスクです。

2020年の春、イギリスで次々に5Gの携帯基地局が放火されるという事件が起こりました。「新型コロナウイルスは5G拡大の影響だ」というとんでもないデマが広がって、それを真に受けた人たちが放火したのです。作業員が暴行されるという事件も相次ぎました。

いまに限ったことではありません。たとえば1890（明治23）年、東京―横浜《よこはま》で初めて電話の交換業務が開始されました。日本国内でコレラが大流行した年です。電話が普及し始めると「コレラは電話線を伝わって感染していく」というデマが広がりました。電話のベルが鳴ると逃げ出す人が出る始末でした。

それぞれ時代も国も違いますが、最新技術によって人々は振り回される恐れがあるということでしょう。**知識と経験を結びつけることで、冷静に物事を見極める視点を養ってほしいと思います。**

〝デマ〟という言葉は古代ギリシャのデマゴゴス（民衆の指導者の意）から来ています。

人々の支持を得るために民衆の恐れの感情や偏見、無知に訴える。

フェイクニュースに立ち向かうには、メディアリテラシー（情報を読み解く力）が重要になります。

■トランプ当選にフェイスブックが貢献？

２０１６年、ドナルド・トランプが大統領に当選したのはアメリカに分断が広がっていたからです。トランプがアメリカの分断をもたらしたという印象を持っている人もいるでしょうが、その前から分断は広がっていました。分断の結果、トランプ大統領が誕生したと言うべきでしょう。その分断を広げるうえでＳＮＳの情報が力を持ちました。

２０１６年の大統領選挙で、イギリスに本拠を置くデータ分析会社「ケンブリッジ・アナリティカ」がトランプの当選に大きく貢献したのではないかと言われています。

ケンブリッジ大学とは何ら関係はありません。トランプ当選の立役者となったスティーブン・バノンという人物がいます。バノンがトランプを大統領に仕立て上げようと、ケンブリッジ・アナリティカの前身である会社の中心人物と会ったのがケンブリッジ大学の横の店だったので、そこから名づけられました。「ケンブリッジ」という名がついてると、「信頼できる会社」というイメージがつきますから。

彼らが何に目をつけたのかというとフェイスブックでした。フェイスブックが大量の個人情報を収集している。その情報を金で買い取ったのです。いまは大きな問題になってデータを売ることはやっていませんが、当時は個人情報を選挙に利用するという発想がなかったので、フェイスブックも脇が甘かったのですね。

フェイスブックは個人情報の属性データを収集し、ビッグデータ（巨大なデータ）としてビジネスに応用しようと考えていました。たとえばある夫婦が別々にフェイスブックに登録しているとします。フェイスブック側から見れば、それぞれの住所、あるいは結婚しているかどうかなどのプロフィールで、2人が夫婦だと簡単に結び付けることができます。生年月日情報から、妻が間もなく誕生日を迎えることも事前にわかります。すると妻がネットで日頃、どんなサイトを見ているかもわかるので、頻繁に宝飾品のウエブサイトを見ているという履歴データがあれば、彼女の夫に対し、「奥さんの誕生日には、こんなプレゼントはいかがですか？」という宣伝広告を送ることができます。**個人のデータが極めて大きな経済価値を持つのです。**

■人間の「怒り」や「恐れ」を利用

ケンブリッジ・アナリティカの元の組織は、イスラム過激派を、ニセ情報を使って自滅させるような作戦に取り組んでいました。イギリス政府から仕事を受託し、アフリカのイスラム過激派を抑え込むために内部抗争が起きるようなニセ情報を送り込むという業務だったのです。

これをアメリカの大統領選挙にも使えるのではないかと考えたわけです。ケンブリッジ・アナリティカはフェイスブックから8700万人のデータを手に入れました。

日本では考えられないのですが、アメリカの場合、選挙で実際に投票するには事前に有権者登録が必要です。そのときに支持政党を書く欄があります。「共和党」、「民主党」、「インディペンデント」（無所属あるいは未定）の3択になっていて印をつけるのですが、この情報が公開されています。

あれだけ個人情報に関してうるさく言うにもかかわらず、政治信条についてはオープンにされてしまうのです。

すると民主党も共和党もこの有権者登録の名簿を手に入れ、支持者のところに戸別訪問に行って「ぜひ選挙に行ってください」と呼びかけるのです。しかし戸別訪問は、時間もかかり大変です。

２０１６年時の共和党は、有権者登録の名簿の名前とフェイスブックの名前が一致すれば支持政党がわかるので、あとは実際にその人に足を運ばせるにはどうすればいいかと考えました。

心理学者を大量に採用し、どうすればトランプを支持するかを分析。結果的に大事なのは「怒り」であると結論付けます。怒りに震えると人間は簡単な方へ誘導されてしまうので、それを利用すればいい。

たとえば「中南米からの移民が入って来て困ったものだ」というサイトに「いいね」を押していたら、その人に対しては「メキシコとの間に壁をつくれ」と言えば心に響くはずです。あるいは白人至上主義のサイトばかり見ている人は、白人の人口比率が下がると白人が不利になるというような危機感をあおる情報を送りつければ動くだろうと考えられるわけです。

思考や思想など、個々人の心理プロファイリングを行い、きめ細かいさまざまなターゲティング広告を送り続けました。ネットの閲覧履歴やフェイスブックの書き込みなどからデータを分析し、選挙に利用することで、極端に言えば大統領をつくり出すことも可能なのです。

ケンブリッジ・アナリティカは、アメリカ大統領選挙だけでなく、イギリスのEU離脱（ブレグジット）をめぐる国民投票の結果にも影響を与えたといわれています。

今後、日本でも選挙にビッグデータが利用される可能性があります。

■気候変動と感染症の関係

気候変動によって地球の気温が上昇すると、マラリアやデング熱などの病気が広がるリスクも高まります。それればかりではありません。地球温暖化は異常気象をもたらします。異常気象による干ばつや台風などの自然災害は、近年、深刻さを増しています。

日本もついに地球温暖化対策で世界各国と足並みをそろえました。菅義偉《すがよしひで》首相が**2020年10月、国会の所信表明演説で「2050年までに温室効果ガスの排出を全体としてゼロにする」と宣言**したのです。

そもそも「2050年にゼロ」という目標は、パリ協定でみんなでやろうと決めたことでした。パリ協定では、地球温暖化対策のためにそれぞれの国がどれだけ温室効果ガスを減らすのか、各国が計画を立てて国連に提出することになっていました。

しかし、安倍内閣のときは「減らしていく」という表現しかしていなかったのです。

アメリカでジョー・バイデンが新大統領になれば、日本だけが取り残されてしまう可能性がある。その危機感から、**駆け込みで2050年までに実現すると宣言した可能性があります。**

アメリカはさまざまな方針を打ち出してくるでしょう。カリフォルニアは早くも2035年までにガソリン車の販売をすべて禁止する方針を打ち出しました。

となると、問題はトヨタのプリウスです。日本ではハイブリッド車もエコで地球環境に優しいというイメージを持たれていますが、アメリカでもヨーロッパでも、ハイブリッドだってガソリンを燃やすことに変わりはないとして、**完全な電気自動車以外は一切認めない**という方針です。トヨタ叩きのにおいがしますが、これは大変なことです。

日本のトヨタ自動車は、これまでハイブリッド車のプリウスでアメリカでも利益をあげてきました。それが売れなくなる可能性がにわかに高まってきました。

日本の自動車で、とりわけ性能がいいのがエンジンです。エンジンの性能が優れているから燃費もいい。電気自動車にするとエンジンは要らなくなります。モーターで直接、両輪を回せばいいからです。

エンジンにはざっと1万点もの部品が使われています。よって自動車産業は実に裾野《すその》が広いのです。**ガソリン車全廃となると、こうした自動車産業には大打撃。日本経済にとっては非常に深刻な事態です**。

ただ、過去にも日本は危機を乗り越えています。1970年、アメリカで「マスキー法」という法律が成立しました。エドマンド・マスキー上院議員の提案が通ったので、

温暖化で 蚊が媒介する感染症の拡大も！

温暖化で
気温が
上昇する
降水の量や
パターンが
変化する
2014年夏 デング熱
2015年～ ジカウイルス
感染症
（ブラジルなど）
気候変動によって
熱帯の蚊が北上し
日本にも!?
もっとも怖いのは
マラリアの北上
太平洋戦争中、
日本軍兵士は
かなりの割合で
マラリアで
亡くなっている！
蚊が媒介する
感染症による死亡者は
マラリアだけで
150万～270万人とも

この名前で呼ばれます。これは、1975年以降に販売する新型車の一酸化炭素と炭化水素の排出レベルを、1970年型車の10分の1にすること、1976年以降に販売する新型車の窒素酸化物は1971年型の10分の1にすること、という厳しいものでした。モータリゼーションの急進展で、大気汚染が大きな社会問題となっていたのです。

あのときのショックを日本の自動車産業は乗り越えることができました。逆に言えば、アメリカが厳しい基準を打ち出すことによって日本の産業が大きく発展するきっかけになりました。日本にとっては再びの試練ですが、それを乗り越えるとまた日本は発展するのだと思います。ピンチをチャンスにできるかどうか。まさにそれを考えなければなりません。

■劉暁波にノーベル平和賞で、中国の仕返し

毎年、ノーベル平和賞は誰が受賞するのかと注目しています。2020年はWFP(世界食糧計画)に授与されましたね。平和賞だけは、団体も対象になるのです。過去に

はＥＵ（欧州連合）や、ＩＣＡＮ（核兵器廃絶国際キャンペーン）も受賞しています。

　個人的には、香港の民主化運動が受賞するのではないかと思っていました。しかし、過去の出来事を思い出し、「ノーベル委員会が怖気づいたのではないか」と考えてしまいました。

　ノーベル物理学賞などはスウェーデンの選考委員会が選びますが、ノーベル平和賞だけは、ノルウェーの選考委員会が選びます。

　２０１０年、ノルウェーの平和賞委員会は、民主化運動に取り組んでいた中国の人権活動家・劉暁波《りゅうぎょうは》にノーベル平和賞を贈りました。

　これに中国政府は「内政干渉だ」と激怒。ノルウェーとの関係が険悪になり、中国はノルウェー産のサーモンを買わなくなったのです。ノルウェー経済は打撃を受けました。6年後にようやく中国がノルウェー産のサーモンの輸入を再開したとき、中国共産党の機関紙「人民日報」傘下の「環球時報」が、「中国を怒らせてはいけないことをノルウェーは6年かけてわかった」という記事を書いています。

　ノルウェーのノーベル平和賞委員会は、ノルウェーの元国会議員などで構成されていて、ノルウェー政府からは独立しているのですが、香港の民主化運動に平和賞を授与したらまた同じことになると、どこかで考えたのではないかと思ってしまいます。勝手な想像でしかありませんが……。

■飢餓ゼロに取り組むWFP（世界食糧計画）

もちろん、今回ノーベル平和賞を受賞したWFP（世界食糧計画）はすばらしい団体です。あまり知られていないかもしれませんね。

WFPは国連の機関のひとつで、災害や紛争、あるいは飢餓などで苦しんでいる国に対して食料を送る活動をしています。

NHKの『週刊こどもニュース』のディレクターがNHKを辞めてWFPの広報官になったとき、WFPのことをいろいろと教えてもらいました。

たとえばUNHCR（国連難民高等弁務官事務所）が、難民や避難民となった人々を支援する際、連携してそこに食料を届けたり、内戦などで荒廃しているところへはチャー

世界の食品廃棄と飢餓問題

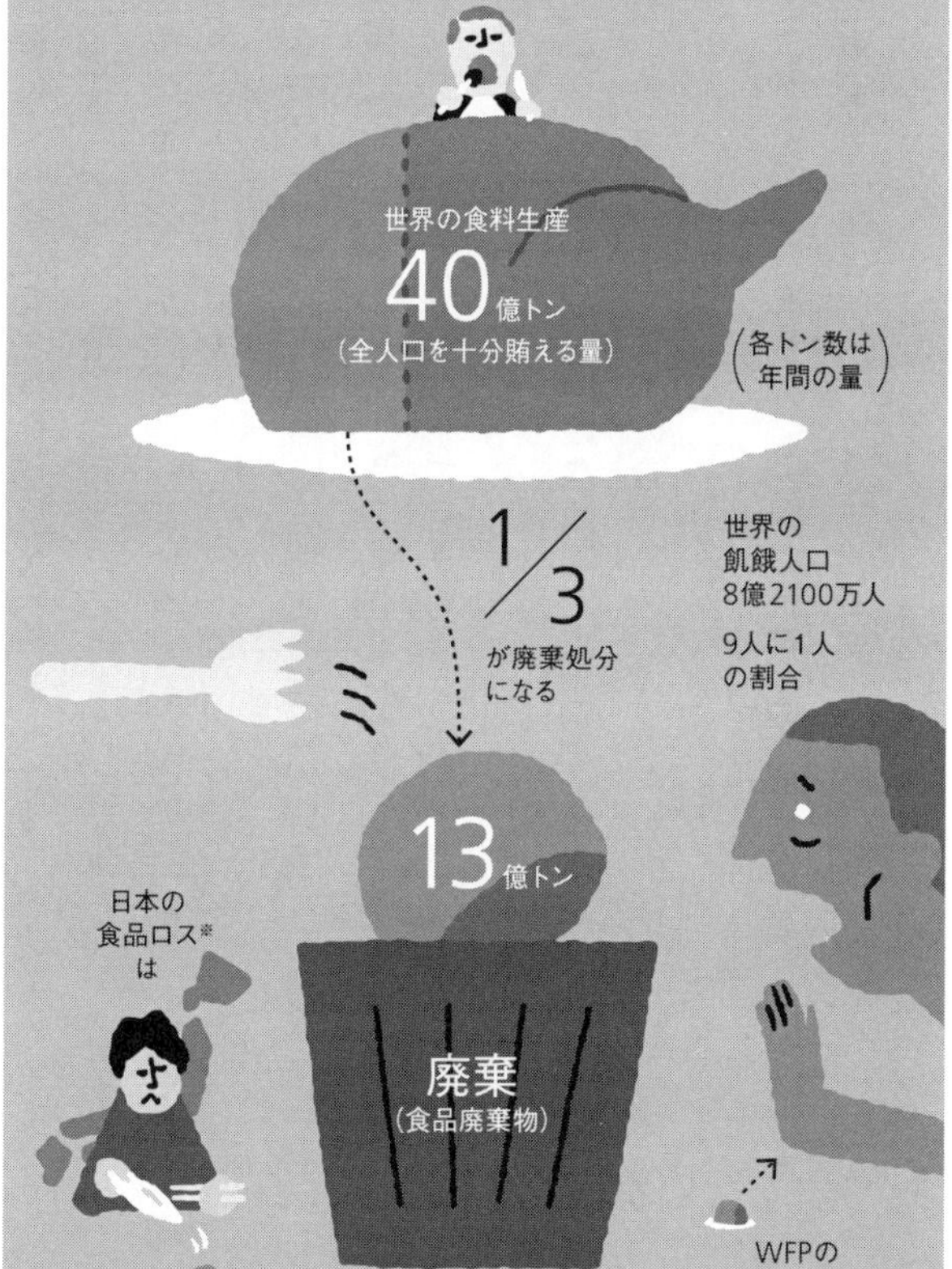

世界の食料生産
40億トン
（全人口を十分賄える量）
（各トン数は年間の量）
1/3
が廃棄処分になる
世界の飢餓人口
8億2100万人
9人に1人の割合
13億トン
日本の食品ロス※は
600万トン
廃棄
（食品廃棄物）
WFPの食料支援は
420万トン

※食品ロス：まだ食べられるのに捨てられている食品

ターした飛行機に食料を積んで飢餓地区にパラシュートで落としたりしているそうです。アフリカ北東部のジブチへ取材に行ったとき、内戦状態のソマリアから逃げて来た難民を収容する難民キャンプが設営されていました。この難民のために食料倉庫をつくっていて、食料を提供しているのがＷＦＰでした。

ＷＦＰというのは、ふだんは組織を維持する程度の資金しか持っていないそうで、食料支援が必要となると、そのたびごとに各国に呼びかけて資金を集めるそうです。そんな話を聞いて、思わず私も寄付をしてしまいましたが。寄付をしなくても私たち一人ひとりにできることがあります。食料を無駄にしないことです。

いま**「食品ロス」が大変な問題になっていますね。**まだ食べられるのに捨てられている食品が大量にある。何と、日本の食品ロスはＷＦＰの支援量の合計より多いのだそうです。

自国ファーストではいけません。世界の飢餓を撲滅できるように、一人ひとりができることから始めませんか。

第6章　コロナ禍で日本社会が可視化された

■憲政史上最長・安倍政権をどう評価する

2020年8月28日、安倍晋三《あべしんぞう》首相が突然の辞意を表明しました。持病の潰瘍《かいよう》性大腸炎が再発したとのことでした。「安倍一強」といわれた長期政権でしたが、あっけない幕切れとなりました。

退陣後は、新しく投与を始めた薬がよく効くようになったそうで、すっかり元気を取り戻しているようです。それは良かったと思いますが、政治家としての功罪はどうなのか、冷静に分析しなければならないと思います。

「3本の矢」による戦略を掲げたアベノミクスは2013年に始まりました。覚えていますか？　第1の矢は「大胆な金融政策」、第2の矢は「機動的な財政政策」、そして第3の矢は「民間投資を喚起する成長戦略」。これによって**デフレを脱却し、持続的な経済成長を目指す**というものでした。

景気対策は財政政策と金融政策しかありません。財政政策は政府がやること、金融政

安倍政権をふり返る
アベノミクス
3本の矢
株価は上昇したが
実体経済はよくならなかった
分断
敵
味方
• 森友
• 加計
• 桜を見る会
公文書破棄・改竄
政治不信をまねいた
外交
北方領土
交渉
暗礁に
ゴルフ
外交
拉致問題
進展無し
日韓関係
史上最悪
〝やってる感〟だけで成果は・・・
第2次安倍政権
2020年8月退陣
2012年末から
約7年8カ月
憲政史上最長政権

策は日本銀行がやることです。日銀の黒田東彦《くろだはるひこ》総裁は安倍晋三前首相のもとで7年以上にわたって金融緩和を進めてきました。就任後は「次元の異なる金融緩和」という言い方をしました。つまり、大量に国債を買う。それだけでは十分ではないということでＥＴＦも大量に買うと宣言しました。ＥＴＦとは東京証券取引所1部上場企業の中のとりわけ代表的な２２５社の株などに投資する投資信託です。

日経平均株価が午前中大きく値下がりすると、午後2時ごろから急激に買いが入るパターンがしばしば見られました。海外の投資家はもうこのパターンを読んでいますから、午前中に値下がりしたところで大量に株を買っておく。午後に日銀が買って上がったところで売れば利益が出ます。

確かに安倍政権になって日経平均株価は上がりました。でもこれは安倍政権の経済政策がうまくいったからというよりは、日銀が買ったから上がったというべきでしょう。さらに、「株価が下がっても日銀が買うからそんなに下がらない」と思った投資家たちが安心して買い続けますから、上昇を続けてきたのです。

実体経済はよくなっていないのに、なんとなく景気がよくなったようなイメージがつくり出されました。一方で、結果的に東京証券取引所の１部上場２２５社のおよそ40％は、一番の大株主が日本銀行という極めていびつな状態になってしまいました。

■共通テストにジョージ・オーウェルの『１９８４』

財政政策とは、要するに大量に国債を発行（借金）して公共事業などを行い、需要の拡大を狙おうという政策です。政府が仕事をつくりだそうというものです。確かに安倍政権のもとで卒業予定の大学生の求人が増え、失業率も下がりました。

その一方で非正規労働者が急激に増え、日本国内で働いている人の約40％は非正規労働者という状態になってしまいました。不安定なので安心して生活ができない。とりわけ若くして非正規労働者になると、結婚しても生活できるだろうかとか、教育費がこんなにかかるのに子どもを生んで大丈夫だろうか、と考えて、結婚、出産に二の足を踏んでしまう。当然のことながら出生率は低下しています。「なんとか少子化に歯止めをかける」というのが安倍政権のスローガンでしたが、少子化は一段と進むことになってしまいました。

アベノミクスで日本経済は強くなったのか？　実質賃金は伸びず、GDP成長率も先進国の中でも低い。いろいろと課題が残るでしょう。

景気とは別に安倍政権の7年8カ月を振り返ると、メディアにしろ何にしろ「敵と味方」を激しく峻別《しゅんべつ》してきた結果、**日本国内での分断が一段と進む状態になった**のではないかと思います。

官邸主導で、人事を握られ逆らえなくなった官僚の「忖度《そんたく》」によって引き起こされた森友《もりとも》・加計《かけ》問題や桜を見る会の公文書破棄・改竄《かいざん》問題などで、国民の政治に対する信頼は著しく失われてしまいました。

2021年の大学入学共通テストの世界史Bに、歴史記録の改竄をテーマにしたジョージ・オーウェルの小説『1984』が取り上げられていました。主人公は歴史を改竄するのが仕事の「真理省」という役所に勤務しているのですが、歴史記録を改竄する自分の仕事に疑問を持ち……、というディストピア（ユートピアの逆）小説です。出題者はなぜこれを取り上げたのか。歴史を改竄すると大変なことになる。政権に対する強いメッセージを感じたのは私だけでしょうか。

さらに、安倍前首相といえば「外交に強い」というイメージがありますね。「地球儀を俯瞰《ふかん》する外交」をうたい、ドナルド・トランプ前大統領とはゴルフを重ねて強い信頼関係を築きました。

しかし実績を冷静になって検証してみると、ロシアのウラジーミル・プーチン大統領とは27回の会談を重ねながら北方領土問題は動いていません。北朝鮮の拉致《らち》問題も未解決のまま。もちろんこれは安倍前首相だけの責任とは言えません。首相が誰であれ非常に難しい問題ではありますが、北朝鮮とは直接対話すら実現しませんでした。

あるいは日韓関係は冷え込んだまま。戦後最悪といわれています。これは韓国側に相当な責任があり、安倍前首相のせいにしては酷なのですが。

トルコのレジェップ・タイイップ・エルドアン大統領とは非常にいい関係を構築したようでしたが、トルコに原発を輸出する話はうまくいきませんでした。インドネシアに新幹線を輸出する話も頓挫《とんざ》、オーストラリアに潜水艦を輸出する話もストップ。ふと気が付くと、いろんな外交を「やってる感」はあったのですが、具体的な果実は何があっただろうと考えると「？」がつきます。任期が長い割には、大きな成果は上げられなかったのではないでしょうか。連続在任期間2822日の歴代最長記録を残しただけと言わざるを得ません。

■日本の戦後レジームをつくったGHQ

ただ、安倍前首相がトランプ前米大統領との蜜月《みつげつ》関係を世界に見せつけたことは、安全保障の観点から、周辺の国に対しての抑止力になったはずです。**戦後、日本は常にアメリカとの関係を重視してきました。**

1945年、日本は戦争に負けてアメリカを中心とする連合国軍総司令部（GHQ）に占領されました。GHQはすぐさま日本の改革に取り掛かりました。まずは軍隊を解散し、戦争放棄の憲法をつくらせました。学校は6・3・3・4制にすること、労働組合の設立、女性参政権の導入もGHQの指示によるものです。

新聞に掲載された天皇陛下（昭和天皇）とマッカーサーの写真は衝撃的でした。天皇陛下は正装をして直立不動なのに、その横でマッカーサーはラフな格好をして腰に手をあてている。**〝どちらが勝ったか〟を象徴しています。**

戦前・戦中は、天皇陛下といえば絶大な敬意を払われる存在でした。各学校には「御《ご》真影《しんえい》」（天皇陛下の写真）を置いておく特別の部屋があり、そこが火事になって御真影を持ち出そうとして逃げ遅れ、死んでしまった校長もいるくらいです。

日本で一番力を持っているのは、天皇ではなくマッカーサーだというのを端的に表す写真でした。実はこれ、日本の新聞各社は当初、掲載しなかった（当時の内務省が発表させなかったとも）のです。昭和天皇がこんな扱いであることに仰天したからです。すると、GHQが怒って「この写真を掲載しろ」と命令したのです。占領下、アメリカ軍が検閲していましたから、アメリカ軍にとって都合の悪い記事は掲載させず、都合のいい写真だけを掲載させました。都合のいい写真があの写真だったのです。

新聞を見て多くの日本人が「本当に日本は負けたんだ」と痛感しました。アメリカの一番の目的は、日本軍を解体し二度と戦争をしない国にすること。再び軍国主義に走らせないために非武装の国にすることでした。

ところが1950年6月、朝鮮戦争が勃発《ぼっぱつ》して方針を180度転換します。日本にいるアメリカ軍を朝鮮半島へ送り込む必要がありました。日本に一切、軍隊が存在しないことになると、隙をついてソ連軍が日本に攻めてくるかもしれません。それをアメリカは恐れました。

■日本の社会主義革命を恐れたアメリカ

一方で、労働組合をつくるように推奨したのはなぜか。労働組合は経営陣に対して給料の引き上げを要求する。それによって**日本の労働者の給与水準が上がれば活発な需要が生まれ経済も発展するだろう**、というわけです。

1929年のニューヨーク・ウォール街の株式取引所での株価暴落に始まった世界恐慌で、日本は深刻な不況に陥りました。国内にマーケットが存在しないから、マーケットを求めて中国大陸に侵攻して行った。日本国内で十分な需要、マーケットがあれば海外へ攻めて行かないだろうというわけです。

ところが労働組合は単に労働条件をよくしろとか、給料を上げろと要求するに留まりませんでした。当時は社会党や共産党という政治勢力が日本国内では大きな力を持っていました。アメリカ軍がいなくなったら、日本の左翼勢力が革命を起こすのではないか。あるいは暴動を起こすのではないかとアメリカは心配しました。

それを阻止するためにも、アメリカとしては日本に軽武装の部隊を置いておくことが必要だと考えたのです。

そこで**アメリカが考えたのが「警察予備隊」という軍事組織をつくらせること**でした。軍事組織を持つことで、日本国内で社会主義革命が起きるのを未然に防ぐ、あるいはソ連軍の侵略を自ら防ぐ。当然、アメリカは日本国憲法第9条（戦争の放棄）の存在を知っています。だってアメリカがつくらせたのですから。だから「ジャパニーズアーミー」とは言えなかったのです。

軍事組織ができたとはいえ、当時はまだまだひ弱な存在でした。独立を果たした後、周辺の国から攻められたらひとたまりもない。日本としては、何としてもアメリカに守ってほしいという思いがありました。

アメリカはアメリカで朝鮮半島、あるいは台湾の情勢を見ると日本に軍隊を置いておきたいし、一方で日本がまた軍事的に強くなるのは避けたい。

日米両者の思惑が一致することで、1951年、日米安全保障条約が結ばれたのです。

■これが現在の日米安保だ

第2次世界大戦後の日本は**「専守防衛」が基本姿勢**です。攻撃を受けたときのみ日本を水際で守る力はあるけれど、周辺の国を攻撃する力は一切持っていない。代わりに攻撃をしてくれるのはアメリカ軍です。

日本を守るのが自衛隊（盾）であり、他国の侵略を受けたらアメリカ軍が攻撃（矛）する。盾と矛の関係なのです。よって日本の自衛隊は、本当に独立した国の軍隊とは違います。専守防衛の自衛隊だけでは十分ではない。アメリカ軍とセットで日本の防衛が成り立つ。そういう防衛思想のもとに日本の自衛隊はアメリカと役割分担してきました。

最初に吉田茂《よしだしげる》首相（当時）が結んだ**第1次安保条約は非常に不公平なものでした。**ア

現在の日米安保
日本は「専守防衛」
攻撃はアメリカ頼り
盾
自衛隊
アメリカ軍が
日本に駐留
基地を提供し
駐留費を負担
矛
アメリカ軍
沖縄は多くの
基地負担を強いられている

メリカ軍が日本に駐留することを認めましたが、駐留しているアメリカ軍に日本を守る義務はなかったのです。それを1958年、岸信介《きしのぶすけ》首相（当時）は、平等なものにしたいと考えます。その結果、現在の日米安保があります。**「アメリカ合衆国は日本および極東の安全に寄与する」ことになったのです。**

ただし、これも微妙です。日本だけではないのです。では、極東とはどこか。過去の国会の質疑の中では「フィリピン以北の東アジア」という言い方です。すると台湾が入る、朝鮮半島も入る。つまり、いまの安保条約では、アメリカ軍は日本を守るだけではないのです。

■なぜ日米同盟を平等にした岸内閣が嫌われたのか

1960年、実に多くの人が国会を取り囲みました。最初に岸内閣が安保条約の改定をしようと言った段階では、日本国内ではそんなに反対運動が盛り上がっていたわけではないのです。確かに社会党や共産党は「アメリカ軍が日本にいることが恒久化されてしまう」、ずっとアメリカ軍が居続けることになり、台湾海峡の紛争にまで出ていくとなると、日本が戦争に巻き込まれてしまうと言って、安保条約には反対の立場でした。

岸内閣は早く批准したくて急いでいました。共産党は選挙で大敗して議員が1人しかいない状態だったので、国会の中で反対できるのは社会党だけでした。

批准を焦った岸内閣は、警官隊を国会の議場に入れたのです。警官隊は、条約改定阻止のために議場の入り口に座り込んでいた社会党議員を一人ひとりごぼう抜きにしました。警官隊が排除して、一切野党議員がいないところで批准したのです。

それを見て、多くの日本国民が「民主主義の危機だ」と感じたのです。よく国会を取り巻く何十万もの人の写真を見る機会があると思いますが、あれは強行採決の後です。

1960年7月、岸内閣は強行採決後の混乱の責任をとって、総辞職します。安保条約の期限は10年間。1970年にはもう一度、交渉することになっていました。しかし日本は1968年ごろから学生運動が盛んになり、安保条約反対運動の激しいデモが次々に行われていました。

当時の佐《さ》藤《とう》栄《えい》作《さく》内閣としてはあらためて安保条約を延ばすとなると大変なことになる

というので、あえて交渉をせず、70年以降は自動延長というかたちにしました。どちらか一方が「破棄したい」と申し入れた場合、申し入れた日から1年後に破棄されるというのが現在の安保条約です。**現在までずっと自動延長が続いている**ということです。

■日本は与えられた民主主義

アメリカと旧ソ連が対立していた東西冷戦時代は、仮想敵国だったソ連の太平洋進出を防ぐため、日本の基地が重要でした。しかし、東西冷戦は終わりました。トランプ前大統領は、日米安保は不公平だと「日米安保条約破棄」に言及したといわれています。「日本は負担金が足りない。もっと金を出さなければ軍隊を駐留させておかない」と言われたらどうするのか。これまでの安全保障はアメリカ頼みでしたが、もし今後もトランプ大統領のような政権が誕生したら、日本はどうすればいいのか。それを考えなければならないのです。

第2次世界大戦後、日本は民主主義になったけれど、いわば与えられた民主主義です。

ＧＨＱによって与えられたのです。

香港で抗議デモをして拘束された周庭（アグネス・チョウ）さんが日本の人たちへのメッセージとして、「日本の人たちがいかに恵まれているかわかってください」と言っていました。日本の若者にとっては、言論の自由、表現の自由があるのが当たり前。自分たちの代表を選挙で選べるのが当たり前だと思っているけど、香港はそうじゃないんだと。自分たちで血や汗を流して勝ち取ったものでないと、政治家への監視の目は厳しくならないところがあるのではないでしょうか。

戦後の日米関係が凝縮されているのが「沖縄」です。２０２２年で、沖縄本土復帰50年を迎えます。沖縄問題についても、ぜひ自分の頭で考えてほしいと思います。

■東日本大震災から10年「日本の第2の敗戦」

東日本大震災から、２０２１年でちょうど10年が経ちました。**２０１１年３月11日は日本の第２の敗戦ではないかと思っています。**

ひとつは地震学の世界での敗北です。東日本大震災は宮城県沖など3つの震源域でそれぞれ地震が起きる確率が計算されていました。今後30年以内に宮城県沖で地震が起きる確率は98%と出ていました。ということはズバリ当たったのです。

ところが予想外だったのが宮城県沖地震の震源域だけではなく、**3つの震源域が同時に連動するというかたちで、とてつもない被害を出すことになってしまった**ということです。

あの日、東京にいて最初の揺れを感じた多くの地震学者は、宮城県沖地震が来たと考えたそうです。しかし、宮城県沖を震源とした揺れならほどなく止まるはずなのにそれがいっこうに止まらない。これはいったいどういうことなのか。

結局、3つの震源域が連動するという「想定外」のことが起きてしまったのです。地震は予知できないというのは、地震学会では常識となりつつありましたが、それが見事に立証されてしまいました。これはやはり地震学の敗北といえるのではないでしょうか。

そもそも**地震は予知できないが対策はとれる**。敗戦を教訓に取り組みが行われています。

■福島の原発事故はこうして起きた

　もうひとつの敗戦、それが東京電力福島第一原子力発電所の原発事故です。福島で発電した電力を東京に送っていたのですが、地元は東北電力の管轄内、よって福島第一の電源は東北電力を使っていました。その電線が発電所まで伸びていたのですが切断されてしまった。これによって停電が発生する。原子力発電所というのは、核燃料から出る高熱でお湯を沸かし、その水蒸気でタービンを回して発電します。

　もし水の循環が止まってしまうと、核燃料を冷やすことができなくなります。水は沸騰して容器内に留まることができず、燃料棒が露出します。燃料棒が溶けて（メルトダウン）、燃料棒の容器に使われているジルコニウムが熱で溶けて水素が発生します。水素が充満した結果、なんらかの火花あるいは静電気で水素爆発を引き起こしたのです。

　停電が起きた場合に備えて自家発電装置が設置されていました。停電と共に、こちらがただちに作動しました。

ところがそこに津波が押し寄せたのです。自家発電装置は地下に設置されていたので大津波によって水没。再び停電します。その結果、燃料棒が溶け、大量に発生した水素が爆発して、原子炉建屋が吹き飛んで放射性物質がまき散らされてしまいました。

原子力発電所は海岸に設置されているのですから、津波の発生に備えておかなければなりません。たしかにそのための堤防はあったのですが、大津波は、堤防を越えて原子炉に押し寄せました。それでも自家発電装置を高台に設置しておけば停電することはなかったのですが、アメリカのGE（ゼネラルエレクトリック）社の設計図通りに作ったため、地下になってしまっていたのです。

「想定外」を想定しなければならなかったのです。

■先延ばしにできない福島の問題

安倍前首相が東京オリンピックを誘致する際、「福島第一原発の事故処理に関してはアンダーコントロールですから安心してください」とアピールしました。実際はそうではありません。**いまも毎日約１４０トンの「処理水」が出続けています。**

福島第一原発がある場所は、西側の阿武隈《あぶくま》山系からの豊富な地下水がわき出します。その水が原子力発電所の下を通っているのです。通ることで汚染水になってしまう。それをそのまま海に流すと漁業被害が出るので、放射性物質を除去した上で「処理水」としてタンクに保管しています。

周辺の森林を伐採し空き地をつくり、そこにまたタンクをつくっている。こんなことがいつまでも続くはずはありません。**東電試算では２０２２年夏にも保管場所が限界に達するとみられています。**

いずれ処理水をなんとかしなければならないのですが、実はこの処理水には放射性物質のトリチウムが残っています。トリチウムは、水と性質が酷似しているため、水から除去することが技術的に困難なのです。そこで、トリチウムは残ったままで、水で薄めて濃度を国際基準以下にして、2年後をめどに海に流すことにしたのです。

実はトリチウムは自然界でも生じているほか、基準値以下の濃度に薄めて海に放出することは国際的にも認められています。全国の原発は運転中にできたトリチウムを国際基準に従って海に流しているのです。しかし福島では風評被害を恐れる漁業者を中心に反発が強く、実行までには曲折が予想されています。

さらに言えば、原発は運転すれば当然、使用済み核燃料が出てきます。使用済み核燃料は、再処理して高濃度の放射性廃棄物を地下に埋蔵（最終処分）することになっているのですが、その場所は確定していません。北海道の２つの自治体が、最終処分場としてふさわしいかどうかの調査を受けると名乗り出ましたが、北海道知事が反対するなど、見通しは不透明です。よく**原発を「トイレなきマンション」というのはそのため**です。

菅義偉《すがよしひで》首相は２０５０年までに温室効果ガスの排出を全体としてゼロにするため、「２０５０年カーボンニュートラルに伴うグリーン成長戦略」を打ち出しました。そこには、堂々と原発の再稼働と新増設やリプレース（建て替え）が盛り込まれています。

日本の安全保障と同様、**エネルギー問題についてもどうしたらいいか。いま日本に突き付けられている大問題**です。

■日本の伝統的体質か？　「戦力の逐次投入」

２０２０年、世界は新型コロナウイルスに翻弄《ほんろう》されました。危機のときこそ人間の真価が問われるといいますが、それは国も同じことでしょう。

今回、新型コロナウイルスの対策のお手本といわれてきた台湾やニュージーランドなどは、大規模な検査を行う一方で、いち早く国境封鎖やロックダウンに踏み切りました。日本はどうだったのか。**日本の対応を見ていると〝場当たり的〟と言われても仕方がありません。**「戦力の逐次投入」という言葉があります。太平洋戦争の旧日本軍の敗因とも言われています。ガダルカナル島をめぐる戦いなどで、強力なアメリカ軍に対して日本は「戦力の逐次投入」をして大敗しました。

「まずは１０００人ほど投入して様子を見よう」。アメリカ軍はものすごい数の陸上部隊できているわけですから、そこに１０００人を送り込んでも、あっという間に全滅してしまいます。とりあえず送ってみたけど何の連絡もないから、また１０００人……、そうして戦力を惜しみ惜しみ出して行くことで最悪の結果を招いてしまったのです。

今回の新型コロナを戦争にたとえるのはよくないかもしれませんが、本当に戦わなければならないなら、最初から腹をくってドーンと思い切った対策をとればよかった。だらだらやると危機感が薄れてしまいます。

そういえば、福島原発事故のときの対応もそうでした。**対応が後手後手にまわって収拾を困難にした。「戦力の逐次投入」という日本の伝統的な体質は、いまだ変わっていない**のではないでしょうか。

■露わになった日本の後進性

コロナ禍は、遅れに遅れていた日本のデジタル化の惨状も露《あら》わにしました。後れを挽《ばん》回《かい》しようと2021年9月にデジタル庁を新設しますが、今回、日本はここまで遅れていたのか、とびっくりしたニュースがありました。

新型コロナウイルスは指定感染症（現在は新型インフルエンザ等感染症）なので、診察

日本は
「世界最先端IT国家」
になるはずが…
2013年
世界最先端
IT国家
創造宣言
日本は2020年には
世界最先端IT国家に
7年後 2020年
コロナ禍の日本では
当初の
コロナ感染者数の集計
発生届は
手書き
FAXで
送る
接触確認アプリ
不具合が続発
日本がIT後進国
であることが露呈
はんこから
抜け出せない
特別定額給付金
申し込みシステムの
不具合から
給付の遅れ

した医師は、コロナの陽性患者を見つけたら、すぐに地域の保健所に届けなければなりません。毎日「今日、新たに確認された感染者は○人です」とニュースで知ることができるのはそのためです。その「発生届」というのがあるのですが、A4の紙1枚に質問項目が19あり、それに一つひとつ手書きで記入してFAXで送っていたのです。ただでさえ患者を診るので忙しい医師が、そんなことまでやらなければならない。

発端となったのは最前線で新型コロナと対峙《たいじ》する医師のつぶやきでした。「もう止めようよ…。手書きの発生届…（中略）こんなん昭和ですよ…」という悲愴《ひそう》感漂うツイート。さすがに大問題になり、その後はオンラインで報告すればいいことになりました。アメリカの「ニューヨーク・タイムズ」は「日本社会やっとFAXさようなら」などと揶揄《やゆ》しました。

1人あたり10万円が支給される「特別定額給付金」の申請も、マイナンバーカードでオンライン申請できるというのでカードで申請すると、オンライン不備続出で郵送申請のほうが早い、なんてことになってしまいました。マイナンバーが何のためにみんなに割り振られたのでしょうか。日本とは、こんな後進国だったのかと愕然《がくぜん》としました。

実は安倍内閣時の２０１３年、「日本を２０２０年には世界最先端ＩＴ国家に」と宣言していました。ところがその２０２０年、在宅勤務が推奨されたにもかかわらず、危険を冒して出勤しなければならない人たちの中に、街頭インタビューで「書類にはんこをもらいに行くんです」と答える人が続出したではありませんか。

政府がデジタル化を推進する中、ＩＴ担当大臣は、日本のはんこ文化を守ることを目指す「はんこ議員連盟」の会長だったというのですから笑い話です。「世界最先端ＩＴ国家に」というのは、掛け声だけだったということがわかりました。

■「検察審査会」って何？

黒川弘務《くろかわひろむ》・元東京高検検事長が知人の新聞記者らと賭《か》けマージャンをしていた問題では、東京地検は「不起訴」と決めました。しかし、検察審査会が検察の処分が妥当だったかどうかを判断した結果、「起訴相当」と議決しました。

「検察審査会」という言葉をよく聞くようになりました。どんなものでしょうか。

刑事事件で起訴するかどうか、裁判にかけるかどうかを決めるのは検察です。検察だけが決めることができるということは、逆に検察が起訴しない場合、どうして起訴しなかったのかと疑問をもたれないようにしなければなりません。相手が政治家の場合、政治的圧力を受けたり忖度したりして判断を曲げていたら困ります。

そこで、「起訴しないのはおかしい」という申し立てがあったときは、検察の判断が正しかったかどうか、国民の目で再チェックしようというのが検察審査会です。法律のことを知らなくても、庶民の立場でおかしいことはおかしいと言おうというわけです。

たとえば今回、黒川元検事長が賭けマージャンをしていた件について、黒川元検事長が不起訴になったことについて、市民グループが検察審査会に審査を申し立てました。

ここからが検察審査会の出番になります。検察審査会はそれぞれの地方裁判所とその支部ごとにあって、審査員は選挙人名簿から抽選で選ばれた候補者から、さらに抽選で選ばれています。

人数は11人。多数決なので奇数です。任期は6カ月で、任期中に何もないまま終わることもあります。

検察が捜査してきたすべての資料を見て、11人中６人以上が不起訴が正しいと判断すれば「不起訴相当」、６人以上がさらに詳しく捜査すべきだと判断すれば「不起訴不当」、８人以上が起訴すべきだと判断すれば「起訴相当」の議決となります。３段階に分かれます。

「起訴相当」「不起訴不当」の議決がなされたら、検察はもう一度捜査しなければなりません。それでも「やはり不起訴です」となると、検察審査会が再び審査。その結果、３分の２以上が「起訴すべきだ」と再び議決すると、検察の意向に関係なく、強制起訴されます。それだけ強い力を持っているのですね。

このときは、裁判所が指定した弁護士が検察官役になって裁判が始まります。

今回、黒川元検事長が「起訴相当」と判断されたことを受けて、東京地検は「不起訴」の判断を取り消して略式起訴。黒川元検事長は罰金20万円の略式命令を受けました。検察審査会の判断が通ったのですね。

■検察審査会が東電の旧経営陣3人を「強制起訴」

東京電力の旧経営陣3人のケースでは強制起訴となりました。福島第一原発の事故をめぐり、業務上過失致死傷罪で告発されたのですが、東京地検は3人を有罪に持ち込める可能性が低いとして2度「不起訴」としました。しかし検察審査会が起訴議決を行ったため、強制起訴が実現しました。

2017年に裁判が始まり、検察側は5年の禁固刑を求刑。しかし東京地裁は無罪を言い渡しました。やはり、検察官はプロの立場。「起訴しても有罪に持ち込める可能性が低い」と判断すると、起訴しないのです。結果、強制起訴されても無罪になることが多いのです。

ただ、検察審査会があることで、検察も、「捜査を尽くさないで不起訴にすると検察審査会で問題になるぞ」と思いますから、検察がいい加減な捜査をしないようにする抑止力として働きます。

ちなみに検察審査会制度は1948（昭和23）年に制度が始まり、これまでに62万人以上が経験しています。ある日突然、「あなたが選ばれました」と通知が来るかもしれません。

■令和の日本、どうあるべきか

今後、日本はどう進むべきか。

新型コロナウイルスの感染拡大はいみじくも日本の弱点を浮き彫りにしました。

このグローバル化の時代、中国抜きに日本経済は成り立たないでしょう。しかし、日本にとって命綱になるもの、たとえば今回でいえば医療従事者が感染を防ぐために身につける医療用マスクや手袋、医療用防護服、こういうものを中国に依存しすぎていたがゆえに大きな問題になりました。たとえコストは嵩んでも、医療に必須《ひっす》の装備は国産にしておかなくてはいけません。

これからも中国との経済活動は切っても切り離せないところはありますが、安全保障に必須の物に関しては他国に頼らないことが大事なのです。その場合の安全保障というのは単に軍事的なことだけではありません。**食料はもちろんのこと、衛生、健康に関しては、国内生産に回帰していくことが必要になってきます。**

東京電力の福島第一原発に使われていたのはアメリカのGE社製の原子炉でした。まだ福島第一原発がつくられた段階では、日本に原子炉をつくるだけの技術がなかったのです。アメリカは日本ほど地震がありません。津波がくることも少ないです。

もし、日本が独自に原子力発電所の技術を持ち、全くの国産としてつくられていたなら、津波対策も当然考えていたでしょう。自家発電装置を地下に設置すること自体、避けられたかもしれません。さまざまな技術も、海外から来たものをそのまま導入するのは大変危険なことではないか。福島の事故はそれを私たちに教えてくれました。

日本は常に、アメリカにつくのか、中国につくのかという言い方をします。所与の条件が最初にあって、「どっちにつく?」という考え方をする。**米中のはざまで「どっちにつくか」ではなく、日本としてどうしたいのか。世界のパワーバランスが変わる中で、それを考えなければならないのです。**

エピローグ　現代を未来から振り返る視点

■新たな日本人論を考える

２０２０年の緊急事態宣言前に、渋谷《しぶや》の街頭で大学生くらいの若者がテレビのインタビューを受けているのをたまたま見ました。「早く緊急事態宣言を出してくれないと、俺たちどうしていいかわからない」と答えているではありませんか。

私は思わず「もういい大人なんだから、自分で判断すればいいだろ」とテレビの前でツッコミを入れてしまいました。政府が指示してくれないと自分で判断できないというのは情けないと思いませんか。もっと自分なりの座標軸を持たなければいけません。

しかし、政府も政府なのです。２０２１年に入って菅義偉《すがよしひで》首相が１カ月間の緊急事態宣言を発出したときのこと。記者から「仮に延長する場合（中略）１カ月程度の延長を想定しているのか」という質問が出たのです。菅首相は「仮定の質問にはお答えできません」と答えました。

これには衝撃を受けました。リーダーとして「何としても１カ月でこの事態を収めたい。そのためにみなさん頑張りましょう」となぜ言えないのか。あるいは、「そうならないように努力しますが、もし効果がなかったということになれば、一層のご負担をおかけすることになります。そうならないようにみんなで努力しましょう」と。

リーダーは「仮定の質問」にどう答えるか、常に考えておかなければならないのです。山本七平《やまもとしちへい》の『「空気」の研究』は現代社会においても通じる日本人論ですが、コロナ後の**新しい日本人論をあらためて考えるチャンスなのかもしれない**と思いました。

■際立った女性リーダーの「自粛呼びかけ」

新型コロナウイルスのパンデミックの危機に際しては、各国のリーダーたちが国民に呼びかけました。見事だったと賞賛されるのは、ドイツ、台湾、ニュージーランドと、いずれもリーダーが女性でした。

とくにドイツのアンゲラ・メルケル首相の呼びかけには説得力がありました。彼女は国民に対して、テレビで次のように呼びかけました。

「……現在の喫緊の課題は、ドイツに広がるウイルスの感染速度を遅らせることです。そのためには、社会生活を極力縮小するという手段に賭けなければならない。これは非常に重要です。（中略）次の点はしかしぜひお伝えしたい。こうした制約は、渡航や移動の自由が苦難の末に勝ち取られた権利であるという経験をしてきた私のような人間にとり、絶対的な必要性がなければ正当化し得ないものなのです。民主主義においては、決して安易に決めてはならず、決めるのであればあくまでも一時的なものにとどめるべきです。しかし今は、命を救うためには避けられないことなのです。（続く）」（ドイツ連邦共和国大使館・総領事館サイトより）

彼女は東ドイツで成長しました。自身は東西冷戦時代に西ドイツで生まれたのですが、牧師をしていた父親が東ドイツの教会に派遣されたため、子どもの頃から東ドイツで育ったのです。冷戦下の東ドイツですから、言論の自由、報道の自由、移動の自由はありませんでした。よってこのスピーチには非常に説得力がありました。

加えて、彼女は最初に医療従事者への感謝の言葉を述べました。これは誰もが言えることでしょう。しかし「感謝される機会が日頃あまりにも少ない方々にも謝意を述べたいと思います」と、スーパーのレジ係や商品棚の補充担当として働く人にも感謝の言葉を述べたのです。日ごろからスーパーマーケットに自分で買い物に行っているからこそ、社会を支えてくれるのはどんな人なのかがわかるのだと思います。

こういう人たちのことをエッセンシャルワーカーと言います。**私たちが日常生活をするうえでどうしても必要な仕事をしている人たち**です。

実は彼女はこのテレビ演説をした後、自らスーパーマーケットに行って買い物かごを下げて、30分間きちんとレジに並んで買い物をしています。見つけた人がスマートフォンに撮ってアップしたのでみんなが知ることになりました。

日本は男社会で、とくに政治家は自分でスーパーマーケットに買い物に行かないので、スーパーマーケットで働く人に思いが至らないのです。日本の新型コロナウイルス対策は、生活者視点が足りなかったのではないかと思います。

西村康稔《にしむらやすとし》経済再生担当相は都内のスーパーを視察しました。買い物ではなく、「視察」です。大臣の視察となると、お付きの人が大勢揃いますし、スーパーマーケットの側も幹部が出迎えます。密になってしまいました。なんで普段着で買い物に行かないのか、と思ってしまいます。

■アーダーン首相の〝共感力〟

ニュージーランドのジャシンダ・アーダーン首相も優れたリーダーシップを発揮しました。呼びかけも、小さい子どもを持つ子育て中のお母さんならではのものでした。

男はどうしても「コロナとの戦い」と言ってしまうのです。フランスのエマニュエル・マクロン大統領は「戦争だ」と言っていました。戦争となると、戦争には犠牲者がつきものです。「犠牲が出るのはやむをえない」と思ったり、感染すると、まるで「捕虜」になってしまったかのように受け止めてしまいます。

アーダーン首相は「戦争」とは言わなかった。約500万人の国民をチームと称し、コロナに対する団結と互いを思いやる優しさを呼びかけました。夜は我が子を寝かしつけた後、自宅のリビングから「みんなで協力して困難を乗り越えましょう。強くあれ、優しくあれ」と発信したのです。

またロックダウン中、「子どもたちは散歩をしてください」と語りかけました。子どもたちが散歩をするときに楽しい気分になれるように、家の窓際に人形などを置いてください、とも提案しました。

そして「歯の妖精《ようせい》とイースターバニーも、エッセンシャルワーク（必要不可欠な職）となりますので安心してくださいね」と伝えました。

イースターバニーとは、イースター（復活祭）のときに各家庭の庭に卵を運んでくるウサギとされています。子どもたちは、色とりどりの卵を探すのが楽しみなのです。ロックダウンになってしまったら、イースターバニーも来てくれないのではないかと心配する子どもへのメッセージでした。

また、「歯が抜けたらそれを枕の下に置いて眠ると、歯の妖精がそれを取りにきてくれて、プレゼントに交換してくれる」という言い伝えがあります。

歯の妖精が来てくれないかもと心配している子どもたちに対するメッセージです。**彼女の共感力、人間力はすばらしい**と思いました。

■「クオータ制」を導入せよ

日本は残念ながら、まだしばらく若い女性の首相は誕生しそうにありません。

東京オリンピック・パラリンピック組織委員会の会長だった森喜朗元首相の女性蔑視《べっし》発言が発端となった辞任騒動は、いかにも日本的でした。日本では、まだまだ「わきまえた女性」、控えめな女性が評価されるのですね。

「世界ジェンダー・ギャップ指数」というものがあります。**世界経済フォーラム**(WEF)の年次総会、いわゆるダボス会議が、経済・政治・教育・健康の4つの分野(14項目)で男女格差の状況を指数化し、国別に順位をつけたものです。

2021年3月に発表された「世界ジェンダー・ギャップ指数2021」によると、日本は156カ国中120位でした。前年が121位でしたから、ひとつアップしたのですが、主要7カ国(G7)の中で最下位でした。**とくに日本が後れを取っているのが、「政治」分野**です。総合順位は120位でしたが、分野別にみると政治は147位でした。**女性の国会議員や閣僚が極めて少ない**のです。

安倍前首相は、「すべての女性が輝く社会づくり」を標榜《ひょうぼう》し、２００３年に「２０２０年までに指導的立場にある女性の割合を30％に」というスローガンを掲げました。ところがまったく実現できなかった。〝掛け声〟だけだったのです。

フィンランドでは２０１９年に、当時世界で最も若い女性首相が誕生しました。サンナ・マリーン首相、当時34歳です。同国では連立５与党のうち３党の党首が女性で、彼女たちがマリーン首相を支えています。

フィンランドのみならず、北欧では**男女同権が進んでいます。理由は「クオータ制」を導入したから**です。ノルウェーで発祥し、その後ヨーロッパから世界に広がりました。これは**「議員や管理職の一定割合を必ず女性にする」という制度**です。

日本ではこれを逆差別ととらえる人もいます。女性に実力がなければ逆差別になるだろうというわけです。

しかし「ポストが人をつくる」という言葉があります。意識して女性を増やしてみるのです。とくに日本の自民党は21世紀になっても昔ながらのリーダー選びを止めません。

大臣になるのは衆議院議員なら6回当選したら。5回当選で「そろそろ適齢期かね」などと言われます。だからUSBメモリも知らない人を、サイバーセキュリティ担当大臣に任命したり、ハンコ議員連盟の会長をIT担当大臣にしたりするのです。

クオータ制を導入し、守れない政党は、政党交付金を減額するなどのペナルティも一緒に導入するくらいの思い切った改革が必要でしょう。

■1969年の大事件。授業がない！

新型コロナウイルス感染症の影響で、企業が新卒採用を手控えています。第2の就職氷河期到来かなどと報道され、不安になっている若者も多いでしょう。でも、いまできることをやるしかありません。

「学生のときにしておいたほうがいいことは何ですか?」とよく聞かれます。これに対し「**たくさん本を読むことです**」と答えます。

私も学生時代かなり本を読みましたが、いま考えるともっともっと読んでおけばよか

男女同権を進める
クオータ制の導入
クオータ制の先進国
北欧フィンランドの
サンナ・マリーン首相
Quota
● 男性
○ 女性
クオータ
【quota】
割り当て
比率が
決められている
議会
クオータ制
議員や管理職の
一定割合を必ず
女性にする

った後悔しています。

私が大学へ進学した1969年という年は学生運動が激しくなり、東京大学と東京教育大学（現在の筑波大学）の入試が中止になってしまう（東京教育大学は体育学部を除く）という、受験生にとっては大事件があった年です。学生たちの抵抗運動を抑えつけようとして、当時の政府は「大学管理法案」を通そうとしました。大学をもっと厳しく管理できるような法律です。それに対して多くの大学生たちが反発し、次々に全国の大学がストライキに入っていきました。

いろいろなことを学びたいと大学に入ったのに、ストライキが続いてキャンパスに入れず授業もない。自分で本を読んで勉強するしかありません。辛《つら》かったけれど、自分で課題を見つけて自分で学んでいくという力がついたと思います。その後もずっと勉強を続けていますが、**あの頃の体験があるからこそ社会人になってからも独学でいろいろなことを学び、結果的にいまの自分があると**思うのです。

■独学のススメ

1960年代、京都大学に奥田東《おくだあずま》という名物総長がいました。入学式の祝辞で新入生を前に「京都大は諸君に何も教えません」と挨拶《あいさつ》したといいます。新入生たちは度胆《どぎも》を抜かれたでしょう。これはどういうことかというと、大学の役割というのは手取り足取り君たちに教える場ではない。大学生は学生であり、生徒ではない。**受け身ではなく自ら学んでください。それを大学はお手伝いします**というわけです。

コロナ禍でステイホームを強いられ、物理的には人と人とが切り離されてしまいました。でも現代はSNSでつながっている。人類の長い歴史の中でこんなに多くの人が常に誰かとつながり続けているというのは実は極めて異常なことです。人間は社会的な存在です。人と人とのつながりによって生きがいを感じます。それは当たり前ですが、四六時中誰かとつながり続けているのはむしろ異常な状態だと思った方がいいと思います。

時に孤独な時間も必要です。**独りになって思索を深める時間を持つ。**少しは1人で沈思黙考する。それが人間的にも学問的にも成長させてくれるのではないでしょうか。**次の飛躍のために〝孤独を糧〟にしてほしい**と思うのです。

■『三体』で文化大革命を学べる

いまでも読書が大好きです。2020年に読んで印象に残っている本は、バラク・オバマ前大統領も絶賛したという、中国人作家の劉慈欣《りゅうじきん》が書いた『三体』でした。文化大革命で父親を殺された女性の天文物理学者を軸に話が展開するSF小説です。小説の冒頭で、文化大革命で暴れまわった紅衛兵《こうえいへい》たちによる殺し合いのシーンが出て来ます。いわゆる内ゲバです。1970年代に日本でも過激な学生運動のセクトが内ゲバを始め、多数の死傷者が出たのですが、同じようことが中国でも起きていたのです。

私は大学の講義で中国現代史を教えるときには、「中国の文化大革命というのがどういうものだったかは『三体』の冒頭を読めばわかる、あの通りのことが起きたのだ」と話しています。

「いまの中国でこんな小説が出版できるのか」と驚きを持って読んだのですが、巻末の訳者あとがきを読んで納得しました。中国語版では文化大革命の話は中のほうにこっそり入っているそうです。さすがに冒頭で紅衛兵同士の殺し合いの話は無理だったのでしょう。それでも、中国の指導者たちがSFを読まないので、こういう小説が出版されているのですね。

■半藤一利さんのこと

歴史を学ぶというのは過去についてあったことを知るだけでなく、**未来について考える力を身につけること**です。

作家の半藤一利《はんどうかずとし》さんが2021年1月、90歳で亡くなられました。もっともっと、たくさんのことを教えていただきたかったのにと思います。

半藤さんと初めてお会いしたのは、2008年8月15日にテレビ東京で放送された『何故あの戦争は始まったのか』の収録でした。

その後も、テレビ東京で戦争特番をつくるときに半藤さんに監修をしていただくこともありました。とくに印象に残っているのは、2018年8月放送の『「日本のいちばん長い日」が始まった』です。半藤さんが編集者時代の代表作『日本のいちばん長い日』がベースになっています。1945（昭和20）年8月15日、ポツダム宣言の受諾が国民に知らされた日。あの日のことを半藤さんは資料を読むだけではなく、政府や宮中などの、当事者80人に取材されたそうです。そうして軍のクーデター計画を中心に、緊迫の24時間を明らかにした作品です。

この作品からわかるように、半藤さんは昭和天皇を敬愛されていたのでしょう。また、青年将校たちが、どういう思いでクーデターをして終戦の決定をひっくり返そうとしたのかがよくわかります。

半藤さんはご自身のことを「歴史探偵」とおっしゃっていました。これはつまり、自分は歴史学者ではない、でも資料を読んでいると文献と文献の間には必ず齟齬《そご》がある。そこは実際に人に会って話を聞くなり一つひとつ徹底的に追求して、あとは推理を加える。自分は埋もれた真実を掘り起こす「歴史探偵」なのだということです。なるほど、

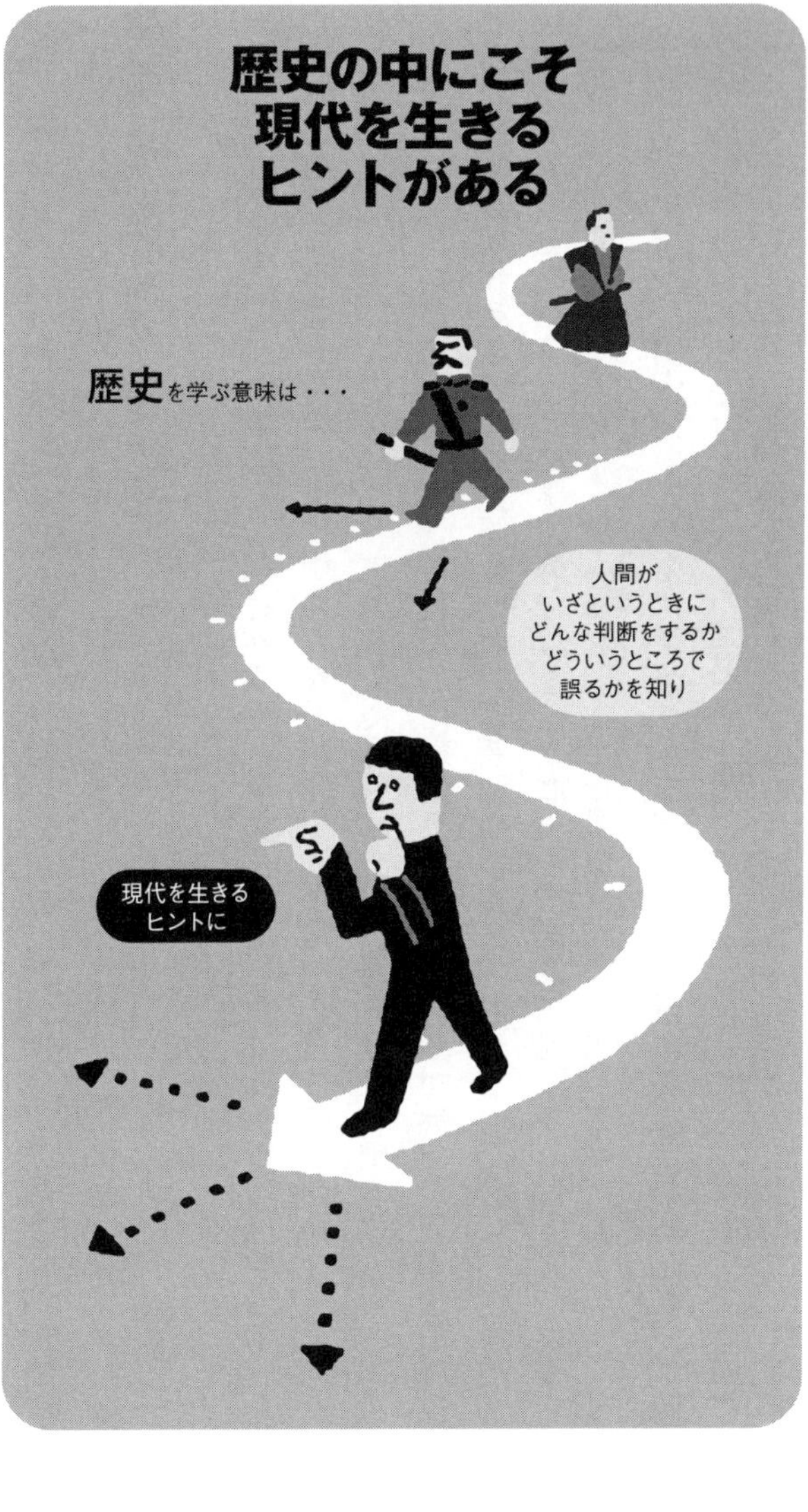
歴史の中にこそ
現代を生きる
ヒントがある
歴史を学ぶ意味は・・・
人間が
いざというときに
どんな判断をするか
どういうところで
誤るかを知り
現代を生きる
ヒントに

半藤さんの本を読んでいると、よくできた推理小説のようなのです。

■日本史と世界史が「歴史総合」に

私は東京工業大学での講義とは別に在学生、卒業生たちと月に1度、読書会をしています。この中で半藤さんの『世界史のなかの昭和史』を取り上げたことがあります。なぜこの本を取り上げたのか。これまで高校では日本史と世界史は全く別々に教えてきました。これではいけないということになって、2022年度から**世界史・日本史の枠にとらわれず近現代を学ぶ「歴史総合」という新科目が導入されます。**そこで、世界史と日本史・昭和史をバラバラに学ぶのではなく、歴史を横断的に見てほしいと思ったからです。

このことを知った出版社の提案で、半藤さんを交えての読書会が実現しました。半藤さんがよくおっしゃっていたのは、「歴史は人間がやっていることなのだからまた同じことをやるに違いない。**歴史を学ぶということは、人間がいざというときにどんな判断**

をするか、どういうところで誤るか。それを知ること」だというのです。

私たちはこれからどう生きていけばいいのか、どう行動すべきか問いかけられていま す。歴史の教訓を未来に生かさなければなりません。**歴史の中にこそ、現代を生きるヒントがある**のです。

■2050年の教科書

東京工業大学では、「未来年表」を発表しています。「人々が望む未来社会とは何か？」

大岡山《おおおかやま》キャンパスの百年記念館1階に、自分たちが描いた「ありたい未来の社会像」が年代順に並んでいます。2040年のところに「ほとんどの仕事はオンライン化され、旅をしながら働くことができるようになる」「おうち完結生活」というシナリオが書かれています。**2020年に、2040年の社会が一足先にやってきた**のです。

「いずれリモート勤務が実現します」と言われてきましたが、多くの人が、それは5

年、10年先かな、などと思っていたのではないでしょうか。ところが緊急事態宣言が出て、在宅勤務が強いられた結果、満員電車に揺られる必要もない、仕事が自宅でできるという近未来が出現したのです。

今回のコロナの感染拡大で社会のIT化が大きく進んでいくでしょう。それによって私たちはまた新たな文化を築いていくことができます。

いま求められているのは**「感染症」と「分断」という2つの危機をどう乗り越えるのかということです。**

さて、2050年の未来の教科書に、現在はどう書かれるのでしょうか。

「それまでデジタル化が遅れていた日本は、2020年のコロナ禍をきっかけに急激にデジタル化が進み、世界トップレベルのIT化社会が実現し、その後の日本経済の発展に大きく寄与した」

そう書かれるようになるためには何をすればいいのか。それを私たち自身が考えなければならないのだと思います。

おわりに

本書シリーズは、これで12冊目。よく続いたものだと思います。昨年（２０２０年）の「11」では、新型コロナウイルスにかなりのページを割きました。まさか今回もコロナ禍について、これだけ書き込むことになるとは思いませんでした。

新しい感染症が発生・流行するたびに、世界の歴史は大きく変わってきました。今回もウイルス防御の方法やワクチン確保をめぐって、世界で対立が起きています。コロナ禍で人々のイライラも募っているのでしょう。中東のイスラエルでは、パレスチナ自治区のガザ地区から過激派「ハマス」が多数のロケット弾をイスラエル側に撃ち込み、イスラエルの一般市民に犠牲者が出ました。これに対してイスラエルは圧倒的な軍事力でガザに報復攻撃。多数の犠牲者が出ました。とりあえず停戦とはなりましたが、中東の対立は続きます。

中東での紛争について、アメリカのドナルド・トランプ前大統領は、常にイスラエル寄りの態度をとってきました。大統領がジョー・バイデンに代わったことで、アメリカの中東政策に変化が見られるかと思いきや、バイデン政権もイスラエル寄りの姿勢を取っています。大統領が代わっても、アメリカの対外政策が変わるとは限らないのです。

とりわけ対中関係では、むしろ緊張が高まっています。

トランプ前大統領は、中国の人権問題にはあまり関心を持たず、対中貿易での赤字解消に熱心で中国からの輸入品に高い関税をかけることで、米中関係が緊張していました。一方、バイデン大統領は、当初「親中派」ではないかとの憶測も出ていたのですが、大統領に就任すると、新疆ウイグル自治区でのウイグル人の人権問題を重視。中国に厳しい態度を取ることで、米中関係はむしろ悪化しました。

バイデン政権は、対中包囲網を形成するために日本に働きかけを強め、「台湾有事」への備えを求めます。新疆ウイグル自治区の強制労働で収穫されたコットンを原材料に使っているメーカーの商品の輸入差し止めの方針を打ち出しています。

このアメリカの圧力に、日本はどうするべきなのか。経済的に中国とは切っても切れない状態になっている日本が、米中の狭間でどのような進路を取るべきなのか。私たち自身の決断が問われています。この問題に無関心では、まさに「知らないと恥をかく」のです。

このシリーズがここまで続いてきたのは読者のみなさんのおかげです。と同時に、一緒に仕事をしてきた辻森康人さんと八村晃代さんに感謝です。

２０２１年６月

ジャーナリスト・名城《めいじょう》大学教授　池上《いけがみ》　彰《あきら》

池上　彰（いけがみ・あきら）
1950年生まれ。ジャーナリスト、名城大学教授、東京工業大学特命教授、東京大学客員教授、愛知学院大学特任教授。立教大学、信州大学、日本大学、関西学院大学、順天堂大学でも講義を担当。慶應義塾大学卒業後、73年にNHK入局。94年から11年間、「週刊こどもニュース」のお父さん役として活躍。2005年に独立。いまさら聞けないニュースの基本と本質をズバリ解説。大ヒットとなった角川新書「知らないと恥をかく世界の大問題」シリーズ、『政界版　悪魔の辞典』、『知らないと恥をかく東アジアの大問題』（山里亮太氏、MBS報道局との共著）、『宗教の現在地　資本主義、暴力、生命、国家』（佐藤優氏との共著）、単行本『池上彰と考える「死」とは何だろう』、角川文庫『池上彰の「経済学」講義（歴史編・ニュース編）』（いずれもKADOKAWA）など著書多数。

知《し》らないと恥《はじ》をかく世界《せかい》の大問題《だいもんだい》12

世界《せかい》のリーダー、決断《けつだん》の行方《ゆくえ》

池上《いけがみ》　彰《あきら》

2021年7月10日　初版発行

発行者　青柳昌行
発　行　株式会社KADOKAWA
〒102-8177　東京都千代田区富士見2-13-3
電話　0570-002-301（ナビダイヤル）
装丁者　緒方修一（ラーフイン・ワークショップ）
ロゴデザイン　good design company
印刷所　株式会社暁印刷
製本所　本間製本株式会社

角川新書

ISBN978-4-04-082398-0 C0295